자살, 죽음,
부흥에 관하여

Samuel Miller, Thomas Watson 지음

임 항 옮김

고백과 문답

자살, 죽음, 부흥에 관하여

초판 1쇄 인쇄	2025년 10월 22일
초판 1쇄 발행	2025년 10월 22일
저자	Samuel Miller, Thomas Watson
옮긴이	임 항
발행처	고백과 문답
출판신고	제2016-000127호
주소	서울특별시 여의대방로 134-1 봉림빌딩 507호
전화	02-586-5451
편집	고백과 문답
디자인	최주호
인쇄	이래아트(02-2278-1886)
ISBN	979-11-983426-1-4 03230

값 15,000원

자살, 죽음, 부흥에 관하여

Samuel Miller, Thomas Watson 지음

임 항 옮김

ᄀᄆ
고백과 문답

목차

사무엘 밀러(Samuel Miller, 1769-1850)에 대한 간단한 소개

20세기 초까지 미국 장로교회 신학을 주도했던 프린스톤 신학교의 1세대 교수들 중 한 인물이었던 사무엘 밀러는 1769년 10월 31일에 델라웨어 주 도버에서 출생했으며, 그의 아버지 존 밀러(John Miller, 1722-1791) 또한 목사였고, 그의 형 에드워드 밀러(Edward Miller)는 뉴욕주의 명망있는 의사이자 교수였다. 사무엘 밀러는 1789년에 펜실베니아 대학교를 졸업했고 이후로 1791년에 설교자 인허를 받았으며, 1804년에 펜실베니아 대학교에서 신학 박사(D.D.) 학위를 취득하여 1813년부터 1849년까지 프린스턴 신학교에서 교회사 및 교회 정치의 교수로 재직했다.

그는 평생에 걸쳐서 미국 장로교회 내에서 일어났던 수많은 논쟁들에 적극적으로 참여하여 장로교회의 정체성을 유지시키고자 했었는데, 그러한 논쟁들 가운데서 미국 장로교회는 구파(old schools)와 신파(new schools)의 분리가 초래됐다. 그러한 중요한 시점에서 사무엘 밀러는 당시의 장로교회가 직면했었던 수많은 문제들과 관련한 권위자였으며, 특히 신학과 전기적인 글들(biographical writings), 그리고 당시 직면한 논쟁들과 관련한 다양한 글들을 통해 유명해졌다. 대표적인 저서로는 『치리장로에 대한 글』(An Essay on the Office of the Ruling Elder, 1831)과 『장로교회제도』(Presbyterianism, 1835)가 있으며, 또한 전기적인 글로써 『18세기에 관한 간략한 회고』(A Brief Retrospect of the Eighteenth Century, 1803), 『존 로저스 목사의 회고록』(Memoir of the Reverend John Rogers, 1813) 등이 있다.

1850년 1월 7일에 뉴저지의 프린스턴에서 사망한 사무엘 밀러는, 그의 사후에 출판되지 않았던 설교들을 출판하지 말도록 유언했었기 때문에 특별한 설교집이 출판되지는 않았으며, 다만 그의 아들(Samuel Miller Jr.)에 의해 그에 대한 전기(Life of Samuel Miller D.D., 1869)가 출판될 수 있었다.

자살(Suicide)에 관하여

by Samuel Miller(1769-1850)

자살(suicide)이라는 죄에 대하여
어떻게 대처해야 하는가?

※ 사무엘 밀러(Samuel Miller)는 자살에 관한 이 두 설교를 처음에 1805년 2월 뉴욕 시에서 했고, 이어서 소책자 「자살의 죄책감, 어리석음, 그리고 근원에 관한, 두 강연」(The Guilt, Folly and Sources of Suicide: Two Discourses. New York: T. and J. Swords, 1805)이라는 제목으로 출판했다.

저자의 목회적 돌봄 아래에 있는
젊은이들에게

자살에 대한 이 강연들을 출판하는 것에 동의한 때로부터 줄곧, 저는 여러분을 대상으로 하기를 결심했습니다. 이 일에 있어서 저의 목표는, 아첨으로 여러분의 환심을 사거나, 훈훈한 고백으로 여러분의 목회자로서 제 자신의 충실함을 증명하는 것이 아니라, 다만 가장 진지하게 고려될만한 가치가 있는 주제에 대하여, 여러분이 더욱 많은 관심을 보이도록 하는 것에 있습니다.

일찍이 제가 다른 사람들과 함께 밝힌 것처럼, 만일 젊은이들에게 자살이라는 범죄에 가장 쉽게 빠지려는 경향이 있다는 것이 사실이라면, 비록 처음에는 일반적인 적용을 의도한 것이었지만, 분명 이러한 강연들이 특별히 여러분(젊은이)들에게 더욱 잘 적용될 수 있을 것입니다. 실제로 강단을 준비하고 이후로 출판을 준비하면서, 이러한 내용들을 통해서 여러분들의 복지가 더 나아지는 것이, 제가 특별히 더욱 목적하고 간절히 희망하던 바였습니다.

인간적인 개연성을 따진다면, 타락한 습관에 깊이 빠져 있거나 [자살이라고 하는] '자포자기인 사람이 저지를 수 있는 최후의 폭력적 행위'인 자살에 대하여 이미 그 마음이 준비되어 있는 사람들에게는 이러한 강연이 별 소용이 없을 것입니다.

저는 다만, 젊은이들과 아직 경험이 부족한 자들, 그리고 인생이라는 무대에 막 들어서려는 자들에게 그들이 마주하게 될 여러 오류들과 과장들, 그리고 거짓된 희망들, 또한 셀 수도 없이 많은 망상들에 대하여 당당히 마주하도록 권면하고 가르치며 경고하고자, 그리고 아직 그 성격과 습관이 완전히 형성되지 않은 이들에게 영감을 불어넣어 주고자 합니다. 이러한 자들은 목회의 사명에 있어서 가장 중요한 사람들로서, 이러한 일들 역시 목회 사명에 있어서 가장 중요한 부분에 속합니다.

만일에 이러한 점들에 있어서, 이어지는 페이지들이 단 하나라도 선량한 결과들을 산출할 수만 있다면, 나는 내 스스로 이미 풍성한 보상을 받은 것이라 여길 것입니다.

나의 소중한 젊은 친구들이여, 여러분들이 여러분들을 둘러싸고 공격하는 그 더러움들을 피할 수 있기(벧후2:20)를 바랍니다. 그리고 여러분들이 여러분들의 부모님의 위로와 교회의 자랑, 그리고 사회에 유익을 끼치는 자들이 될 수 있기를 바랍니다. 또한, 여러분들이 "그 오른손에는 장수가, 그 왼손에는 부귀가 있는(잠언3:16)" 하늘의 지혜로 영감을 얻기를 바랍니다. 또한, 마지막으로 여러분이 구속자(the Redeemer)의 능력과 은혜를 통해서 그분과 더불어 영원토록 살며, 세상을 다스릴만한 준비를 갖추게 되기를 바랍니다. 이것이 여러분을 애정으로 대하고자 하는 목사인 내가 진심으로 소망하는 바이자 끊임없이 기도하는 내용입니다.

Samuel Miller

New York
1805년 3월 1일

자살에 관한 담론

"그의 아내가 그에게 이르되 당신이 그래도 자기의 온전
함을 굳게 지키느냐 하나님을 욕하고 죽으라 그가 이르되
그대의 말이 한 어리석은 여자의 말 같도다 우리가 하나님
께 복을 받았은즉 화도 받지 아니하겠느냐 하고 이 모든
일에 욥이 입술로 범죄하지 아니하니라."

욥 2:9-10

욥은 그가 번창하던 시절에 "동방의 모든 사람들 가운데서 가장 위
대한 사람"(욥 1:3)이었습니다. 그의 막대한 부는 그를 높은 지위에
올려놓았으며, 또한 그에게 광범위하고 강력한 영향력을 안겨다 주
었습니다. 그의 사심 없고 관대한 자애로움은 그로 하여금 인간적
인 행복을 추구하는 모든 친구들로부터 사랑을 받게 했습니다. 그
의 지혜와 경건은 그 지역 사람들의 감탄을 불러일으켰고, 또한 그
를 그들의 현인(the oracle)으로 추앙하도록 만들었습니다. 게다가
그는 애정이 넘치고 순종적인 자녀들로 둘러 쌓여있었으므로, 마

치 세상의 즐거움을 누리는 데에 필요한 모든 것들을 대부분 소유한 것처럼 보였습니다.

"귀가 들은즉 나를 축복하고 눈이 본즉 나를 증언하였나니, 이는 부르짖는 빈민과 도와 줄 자 없는 고아를 내가 건졌음이라. 망하게 된 자도 나를 위하여 복을 빌었으며 과부의 마음이 나로 말미암아 기뻐 노래하였느니라."(욥 29:11-13). "나를 보고 젊은이들은 숨으며 노인들은 일어나서 서며, 유지들은 말을 삼가고 손으로 입을 가리며, 지도자들은 말소리를 낮추었으니 그들의 혀가 입천장에 붙었느니라."(욥 29:8-10). "내가 그들의 길을 택하여 주고 으뜸되는 자리에 앉았나니 왕이 군대 중에 있는 것과도 같았고 애곡하는 자를 위로하는 사람과도 같았느니라."(욥 29:25).

거룩한 기록자는 욥이 이러한 번영을 얼마나 오랫동안 누릴 수 있었는지에 대하여는 우리에게 어떤 것도 알려주지 않았습니다. 하지만 시간이 흐르는 가운데 주권자(Sovereign Disposer)께서는 그를 역경 가운데서 낮아지도록 하기를 기뻐하셨습니다. 그리하여 그는 여러 가지 비참한 사건들로 인하여 그가 가진 대부분의 것들을 빼앗겨야만 했습니다. 축제의 즐거움 가운데에 있었던 그의 아들과 딸들은 한순간에 죽고 말았고, 그가 번영하던 가운데서 세상이 그를 위하여 쌓아 올렸던 모든 명예는 사라져 버리고 말았습니다. 그리고 그토록 존경스러웠던 사람의 비참은, 고통스럽고 역겹기 짝이 없는 질병에 걸려 버리는 것으로 완성되었습니다. 최근까지도 왕자처럼 풍요로웠었지만, 이제는 알거지가 되고 말았도다! 아침에는 많은 수의 행복한 자녀들을 배웅했지만, 저녁에는 그 모든 자녀들을 잃어버리게 되었도다! 몇 시간 전까지만 해도 건강을 누렸었는데, 지금은 극심한 질병으로 인해 고문을 받은 듯 하고 심하게 훼손되어 남아있는 생명조차 버거운 짐이 되어버렸도다! 한때는 수많은 사람들이 그를 따르기도 했으며 심지어 수많은 존경의 증언들을 헌정하기도 했는데, 이제는 대부분의 사람들이 그를 무시하고, "양 떼를 지키는 개 중에도 둘 만하지 못한 자들"(욥 30:1)이 그를 비웃게 되었구나! 참으로 갑작스럽고 가슴 아픈 끔찍한 반전이 아닐 수 없습니다.

환난의 날에, 깨어 있고 애정 넘치며 우리의 고통을 달래주고 우리의 슬픔을 위로할 수 있는 경건한 친구, 특히나 "형제보다 친밀한"(잠18:24) 마음의 동반자(the companion of our bosom)가 있다는 것은 헤아릴 수 없는 축복일 것입니다. 많은 남자들이 신실한 자기 아내의 부드럽고 애정 어린 말과 신중한 조언으로 중대한 실수로부터 보호를 받았고, 심지어 파멸에서 벗어나기도 했습니다.

그러나 환난을 겪고 있는 이 성도의 아내는 전혀 다른 성격을 보여주었습니다. 고통을 달래주고 가볍게 해주기보다, 오히려 그녀는 그를 더욱 괴롭히는 사람이 되었습니다. 그에게 적절한 위로의 근원을 알려주기보다는, 절망과 죽음으로 유혹하는 사람이 되어버린 것입니다. 그녀의 성별, 즉 여자로서의 부드러움과 동반자로서의 애정과 예절, 심지어 순수한 미덕까지도 얼마나 결핍되었던지, 심지어 그 여인은 다음과 같은 말로써 이미 슬픔으로 짓눌려진 그의 남편에게 다가갔습니다. "당신이 그래도 자기의 온전함을 굳게 지키느냐 당신의 모든 신실함에 그토록 불친절하게 갚아주었던 주인을 계속 섬기겠느냐 하나님을 욕하고[1] 죽으라 최악의 일을 행한 그

---

1   여기서 '저주'로 번역된 단어는, 문자적으로 축복한다는 의미이지만, 이 경우에는 분명 강력한 표현으로 문자적인 의미와 정반대되는 의미를 의도하는 경우 중 하나임에 분명하다. 오늘날까지도 동일한 표현이 반어법적 대화 속에서 자주 사용된다. "복이 넘치네!"라거나 "복이 아주 쏟아지네"라는 말은 일종의 가장 격렬한 저주를 표현하는 말인 것이다. "이 단어는 종종 불경한 언사를 내뱉거나, 저주한다는 것을 뜻한다. 그 단어의 본래 의미 때문이 아니라, 옛적의 경건한 사람들이 불경한 언사를 내뱉는 것을 지독히도 끔찍한 것으로 여겨서, 그것을 그 고유명사대로 표현하는 것을 싫어했기 때문에, 그러므로 하나님을 저주하는 것 대신에 완곡어법으로, 혹은 예의 바른 말투로 '하나님께서 복되시다'고 말한 것이다. 슐텐스(Albert Schultens, 1686-1750)는 축복하는 것이 때로는 작별 인사를 하는 것과 같다고 본다. 그러므로 '우리가 거절하고 묵살하는 것', 혹은 이미 처리한 것에 대해 '작별하는 것이 일반적인 만큼, 축복하는 것은 묵살하거나 무시하는 것을 의미할 수 있다."존 테일러(John Taylor, 1694-1761)의 『Hebrew Concordance』를 참조하라. 같은 단어가 왕상 21:10, 그리고 또한 욥 1:11절, 2:5절에서 사용된다. 이 모든 본문들 속에서 그 단어는 논란의 여지가 없이 저주하는 것을 의미하고 있다. 그러므로 우리 번역자들은 훌륭한 판단을 따라, 그 거룩한 말씀에 대한 정확한 의미를 부여했다.

권세를 멸시하라 당신에게 비참함을 안겨준 그를 더 이상 의지하지 말라 당신 스스로가 구원자가 되라 자발적인 죽음에서 당신에게 악만을 제공하는 세상으로부터의 피난처를 찾으라"(욥 2:9)

여기에서 자살에 대한 직접적이고 노골적인 제안이 드러납니다.[2] 그리고 만일에, 현명하게든 순진하게든 자신의 고통을 끝내기 위하여 이러한 방식에 기댔을 법한 사람이 있었다고 한다면, 그 사람은 다름 아닌 욥 자신이었을 것입니다. 가장 절망적인 결핍이 그를 노려보고 있었던 것입니다. 그의 지인들의 무관심과 조롱은 분명히 그를 사람의 시선으로부터 영원히 도망치고 싶게 만들었을 것입니다. 그를 세상과 묶어 주었던 가장 강한 유대는, 그의 재산이 상실되고 그의 자녀들이 죽음에 이르자 완전히 끊어져 버리고 말았습니다. 고통스럽고, 명백히 치료가 불가능하게 보이는 질병이 미래의 모든 삶의 즐거움들을 가망이 없는 것으로 바꾸어버렸습니다. 상실의 섭리가 유일하게 그에게 남긴 가까운 친척들은, 그에게 있어

---

2 판단력 있는 많은 해설자들이 이러한 제안이 실제로 자살을 권하는 것인지 의심한다. 몇몇 사람들은 오히려 그것이, 하나님과 그의 도우심을 신성모독적으로 부정(renunciation)함으로써 하나님께서 그 생명을 앗아가도록 도발해야 한다는 제안이라고 보았다. 저자는 그가 위에서 제시한 해석을 선호하는 경향이 있지만, 이것 또한 그의 의도에 적합하다고 생각한다. 이것은 오히려 그의 논거를 강화하는데, 왜냐하면 만약 욥이 자기 생명을 파괴하도록 하나님을 도발하는 그 생각을 혐오했다면, 그가 그 자신의 사형 집행자가 되는 그 생각을 훨씬 더 혐오할 것이기 때문이다.

서는 위로가 아니라 슬픔이었습니다.

의심할 여지 없이 현대의 많은 불신자들은, 이러한 상황들이 자살을 충분히 정당화한다고 선언하고, "하나님을 욕하고 죽으라"(욥 2:9)는 욥의 아내의 사악한 제안에 기꺼이 동참하고자 합니다. 그러나 욥은 "하나님을 경외하며 악에서 떠났"(욥 1:1)습니다. 그는 인간으로서의 담대함(magnanimity)과 신자로서의 꿋꿋함(fortitude)을 모두 가지고 있었습니다. 그래서 그는 단호하고도 분연히 다음과 같이 대답했습니다. "그대의 말이 한 어리석은 여자의 말 같도다 우리가 하나님께 복을 받았은즉 화도 받지 아니하겠느냐."(욥 2:10)

이 본문에서, 자살이라는 범죄에 대한 몇 가지 논점들을 짚고 넘어가고자 합니다. 즉, 이것이 죽음과 관련한 가장 깊숙이에 있는 범죄이고, 우리의 땅과 우리의 도시들에서 놀라울 정도로 자주 발생하는 범죄이며,[3] 따라서 "하나님의 뜻을 다"(행 20:27) 선포하려는 자들이 공적이고도 엄중하게 반대하는 범죄인 것입니다.

자살은, 단순히 즉각적인 폭력으로 스스로를 살해하는 것만이 아

---

3 이 강의가 있기 바로 직전 3개월 간 뉴욕에서 적어도 9건의 자살 사건이 발생했던 것으로 보인다. 당시에 인구가 7만 명이 채 되지 않는 도시에서 이러한 숫자는 엄청나고 심상치 않은 것으로 여겨져야만 한다.

니라, 다른 사람의 폭력이나 간접적인 수단에 자기 자신의 생명을 고의적으로 노출함으로써 파괴하는 것까지를 포함하는 것입니다. 이런 점에서, 목숨을 건 결투를 하는 자(duellist)는 이 범죄에 대해 죄책이 있습니다. 공적인 정의에 따른 사형에 처해 지기 위한 명백한 의도를 가지고서 어떠한 중죄를 범하는 자도 이 범죄에 대해 죄책이 있습니다. 그리고 일반적으로, 자발적이고 쓸데없이 자기 자신을 위험에 처하게 하는 사람들 역시도, 이 범죄에 대하여 죄책이 있습니다.

사실, 자신의 생명을 위난에 처하게 두거나, 심지어는 결연하게 스스로를 희생하는 것이 사람의 의무인 경우가 없지 않습니다. '순교(martyrdom)'는 그러한 의무의 한 예이고, 정의롭고 필연적인 전쟁 역시도 그러한 의무의 다른 한 예입니다. 그러나 이러한 경우들에서조차도 어리석고 사악하게 죽음을 맞이하는 것이 가능합니다. 우리는 우리 자신의 생명을 보호하기 위한 합법적인 수단들을 모두 사용해야 합니다. 그러므로 어떤 경우든 진리를 부인하거나 의무를 저버리지 않은 채로 생명을 구할 수 있음에도 불구하고, 그 자신의 생명을 스스로 파괴하거나 그것이 파괴되도록 허용하는 사람은, 우리가 현재 고려하고 있는 그 범죄, 즉 자살에 대한 모든 죄책을 져야만 합니다.

아마도 여러분 가운데 몇몇은 다음과 같이 말할지 모릅니다. "그러한 주제를 논함에 있어서 우리가 얻을 수 있는 유익이 무엇입니까? 당신은 지적이든 도덕적이든 우리가 스스로를 살해하는 그러한 비참한 광기를 가질 수 있다고 가정하는 것입니까? 제발, 자연적인 모든 감정이 거절하고 이성의 모든 명령이 그 어리석음을 보여주는 자살의 악함이 무엇인지를 나타내 보이는 데에 우리의 시간을 낭비하지 마시고, 차라리 우리나 우리 자녀들이 어느 정도 노출될 수 있는 다른 수 많은 범죄들에 대해 생각하고 책망하십시오."

형제들이여, 속지 마십시오. 이 주제는 제 설교를 듣는 모든 각각의 사람들과 관련이 있습니다. 어느 누가 자기가 앞으로 처하게 될 상황이나 후에 받게 될 유혹에 대하여 예견할 수 있겠습니까? 언제 가까운 친척이나 소중한 친구의 자살에 있어서 그 일이 그 자신으로 하여금 그 주제에 대해 깊은 관심을 갖게 할지 누가 말할 수 있겠습니까? 이러한 비통한 죄악에 빠진 자들 가운데 대부분이 한때는 지금의 여러분과 마찬가지로 "설마 당신의 개 같은 종이 이런 일을 행하겠습니까"(참고. 왕하 8:13)라고 생각하고 말할 준비가 되어있었습니다. 사실, 타락하여 부패한 피조물들은 모든 죄에 대하여 겸손하고 주의해야만 합니다. 왜냐하면, 죄를 억제하는 은혜(restraining grace)가 없다면 피조물들이 빠지지 않을 죄라고는 없기 때문입니다. 그러므로 우리가 그러한 유혹의 시간에 맞서 무장할 수 있도록,

그리고 다른 사람들을 설득하고 경고할 수 있도록, 우선은 제가 그 문제의 죄가 지닌 죄책과 어리석음을 여러분들 앞에 밝히고, 다음으로는 그 악의 근원을 추적함으로써 어떤 다른 위험으로 이어질 수 있는 원리들과 습관들로부터 여러분을 주의하도록 하는 데에 노력하는 동안, 진지하게 관심을 기울여주시기를 바랍니다.

I. 나의 첫 번째 목표는, 자살이 하나의 실제적인 범죄라는 것을 입증하는 것입니다. 이것에 대한 반대의 주장이 제기되었기에 이러한 입증은 더욱 필연적입니다. 누구도 다른 사람의 생명을 빼앗을 권리가 없지만, 누구나 자기 자신의 생명을 처분할 수 있는 권리는 가지고 있다고 주장하는 사람들이 더러 있었습니다. 이런 자들에 반대하여 자살이 하나님을 거역하는 것이고, 사람의 본성, 동포로서의 우리 인간들, 계몽된 이성의 모든 명령, 그리고 무덤 너머에 있는 우리의 모든 유익과 소망들을 거스르는 것이라는 사실을 보여주는 것이 제가 입증하고자 의도한 목적입니다. 그러니 이제 이러한 각각의 고려 사항들에 대하여 하나하나 자세히 살펴볼까 합니다.

1. 우리 자신의 생명을 파괴하는 것은 **'하나님을 거역하는 죄악'**입니다. 하나님께서는 우리라는 존재의 원작자(Author)이십니다. 그가 우리를 이 세상에 보내셨고, 우리의 시간과 재능이 우리의 인격들과 마찬가지로 그의 것이라는 것이, 무신론자 외에는 그 누구

도 부인하지 못하는 자명한 명제입니다. 이성적이고 도덕적인 능력을 부여받아 그러한 활동을 위하여 형성된 피조물들이 우연히, 혹은 특정한 목적도 없이 존재할 수 있다는 가정을 그냥 받아들이는 것은, 너무나도 비합리적입니다. 오히려 만약에 우리를 만드시고 우리의 봉사에 대한 권리를 가지고 계시며, 그 자신의 섭리가 그의 모든 피조물들과 그들의 행동에 뻗쳐있는 하나님이 계신다면, 우리 모두가 지어진 목적이 있고, 성취해야 할 일들이 있으며, 그러한 의무를 수행해야 하는 정해진 복무기간이 당연하게 있을 것입니다. 그리고 물론, 우리를 현재의 자리에 두신 그분만이 홀로 언제 이러한 임무가 완료되는지, 언제 이러한 복무기간이 끝나게 되는지를 결정하고 판단하는 권리를 가지십니다. 한 마디로, 그분만이 그 자신의 권세가 부여한 생명과 재능들을 처분할 권리를 가지시는 것입니다.

'나눠주신 기간', '정하신 길(노정)', '우리 앞에 당한 경주'. 이것이 성경 어디에서나 인간의 삶에 대해 제시하는 표현입니다. 그러므로 경건한 욥은 다음과 같이 묻습니다. "이 땅에 사는 인생에게 힘든 노동이 있지 아니하겠느냐 그의 날이 품꾼의 날과 같지 아니하겠느냐."(욥7:1) 그리고 그는 이 질문이 함축하고 있는 원리에 따라서 다음과 같이 결심했습니다. "나는 나의 모든 고난의 날 동안을 참으면서 풀려나기를 기다리겠나이다."(욥14:14) 사도 바울은 이와 동일한 교훈을 권고할 때에 다음과 같이 가르쳤습니다. "인내로써 우리 앞에 당한 경주를 하며"(히12:1) 그가 다음과 같이 간절한 소망을 표현했을 때도 그는 동일한 교훈을 가르친 것입니다. "내가 달려갈 길을 기쁨으로 끝마치고자 함이라."(행20:24, 흠정역) 인생의 마지막 순간에 다음과 같이 거룩한 승리를 외쳤을 때도, 그는 동일한 교훈을 가르쳤던 것입니다. "나의 달려갈 길을 마치고 믿음을 지켰으니."(딤후4:7)

영감을 받은 성경의 기록자들이 인간의 생명에 대하여 사용하는 언어가 이와 같습니다. 이러한 언어는 우리 자신의 생명을 임의대로 처분할 자유나 이 세상에서 우리의 존재를 지속할 기한을 정할 자유가 우리에게는 없으며,⁴ 오히려 하나님께서 우리로 하여금 현재

---

4 아마도 이러한 추론이 받아들여지는 것은 지나치다고 할지 모르겠다. 왜냐하면, 누구라도 자기 생명을 처분할 권리를 가지지 않는다면, 그리고 만약 개인들에 대한 시민 정부의 모든 적법한 권리가 협정에 기초한다면, 어떠한 정부도 생명을 빼앗을 권리를 가질 수 없기 때문이다. 심지어 가장 극악무도한 범죄에 대해서도 말이다. 그것은 어떤 개인도, 명시적인 행위이든 암시적이든 간에, 그 자신의 어떤 행위로써 자신이 소유하지 않은 권리를 공동체에 양도할 수 없기 때문이다. 그러나 이러한 반대는 잘못된 원리에서 나온 것이다. 어떤 특정한 경우에 생명을 빼앗을 수 있는 시민 정부의 권리는, 시민과의 협정에서 기인한 것이 아니라, 하나님의 말씀에서 분명하게 드러나듯 그분의 뜻으로부터 기원하는 것이기 때문이다. 그들의 논리는 더욱 심하게 말하자면, 만일에 창조주께서 분명하게 인가해주지 않으셨다면 인간은 열등한 동물들에게서 생명을 빼앗을 권리가 없었을 것이라고 주장하는 꼴이다.

상태에 두기를 기뻐하시는 한은 인내함으로 활동하여야 하며, 언제쯤에 우리가 이 세상에서 물러가야 하는지에 대해서는 하나님의 기뻐하신 뜻을 기다려야 한다고 분명하게 가르칩니다. 이 문제에 대한 결정을 우리 손에 맡기는 것, 즉 정해진 우리의 자리를 무단으로 떠나버리는 것은 하나님의 뜻을 거스르는 가장 분명한 반역이며, 그분의 섭리에 대한 가장 직접적인 반대이고, 그분의 지배로부터 벗어나려고 하는 주제넘은 시도이며 정당한 주권자에 대한 비겁한 배신의 행위인 것입니다.

성경의 이러한 지도는 이성의 명령과 너무나 일치하여, 심지어 이교도 도덕주의자들조차도 이 주제에 대하여 놀라울 정도로 유사한 말로 자신들의 생각을 나타내곤 했던 것을 찾아볼 수 있습니다. 예컨대 소크라테스(Socrates, B·C 470년 경–B·C 399년)는, 사형을 선고받은 후에, 자살의 합법성에 대하여 아주 강한 어조로 반대하였습니다. 그는 다음과 같이 주장했습니다. 즉, 사람은 신의 소유이며, 그분의 보호 아래에 있고, 또한 그분이 그들에게 지정해 주신 행동의 영역을 자발적인 죽음으로써 벗어날 권리가 없으며, 그렇게 하는 자는 자기 주인을 섬기는 일로부터 도망한 노예와 마찬가지로 신적인 노여움과 벌하심의 대상일 뿐이라는 것입니다.[5] 그 이교도 현자

---

5 플라톤의 파이돈(B·C 417년경)

는, 그의 사랑하는 제자들과 학생들에게 둘러싸인 채 죽음을 코앞에 두고서 자신의 진정한 마음을 말했을 법한 그 마지막 순간에, 자신의 이러한 감상을 표현했던 것입니다.[6]

자살이라는 이 범죄를 옹호하는 사람들 가운데 몇몇은, 하나님께서는 그분의 피조물들의 행복을 기뻐하시는 자애로운 존재이기에, 그 행복을 더 이상 누리지 못할 때 그 목숨을 내려놓는 피조물들에 대하여서조차도 노여워하실 수 없다고 주장했습니다. 그러나 만일에 이러한 입장이 타당한 것으로 받아들여진다면, 모든 사람은 자기가 선택하는 어떠한 방식으로든 자기 자신의 행복을 추구할 권리가 있다거나, 동일한 의미로서 어떤 행위라도 하나님을 노엽게 하지 않는다거나, 자기의 행복을 증진하고자 하는 목적으로 저지른 어떠한 범죄의 경우에도 그분을 노엽게 하지 않는다는 결론이 뒤따르게 됩니다. 만일에 그러한 교리가 인정된다면, 그것은 가장 극악한 범죄를 정당화하도록 우리를 이끌 것이며, 도덕적인 책임의 가장 확고한 원리들을 파괴해버리고 말 것이고, 신적인 법칙 대신에 인간의 변덕을 '궁극적인 행위의 법칙(the ultimate rule of action)'이 되도록 하고 말 것입니다.

---

6   소크라테스는 어떤 의미에서도 고대의 도덕주의자들 사이에서 자살을 비난한 유
     일한 사람이 아니었다. 그것은 다양한 기초들 위에서 피타고라스, 아리스토텔레스,
     그리고 테베와 아테네의 법률로서도 또한 금지되었기 때문이다.

그러므로 무신론이 아닌 다른 어떠한 원리들 위에서도 자살을 정당화하는 것은 불가능합니다. 아니면 적어도 하나님의 통치와 섭리를 전적으로 부정하지 않고서는 불가능할 것입니다. 그리고 이러한 사실들은, 다양한 시대에 있어서 우리가 고려하고 있는 자살이라는 범죄의 변호인이 되고자 했던 대부분이, (비록 모두는 아닐지라도) 무신론적 교리를 고수하거나 유신론의 그 어떤 합리적 체계와도 전혀 일치하지 않는 원리들을 공언했었다는 점을 기억할 때, 훨씬 더 많은 확신을 얻게 될 것입니다.

사람을 '신적인 권위의 구속들(the restraints of divine authority)'로부터 자유로우며, 그 자신의 생명과 재능을 창조하신 분의 뜻을 전혀 고려하지 않은 채로 마음대로 처분할 자유가 있는 독립적인 피조물로 여기는 것이, 실천적 무신론(practical atheism)이 아니고 무엇이겠습니까? 이것이 불경건한 상상이 꾸며낸 허망한 학설(figment)이 아니고 무엇이란 말입니까? 비록 때로는 그러한 생각이 스스로 하나님의 존재와 통치를 믿는 마음에서 형성된 것이라고 주장하기도 하지만, 실제로는 하나님의 성품과 다스리심에 대하여 근본적으로 적대하는 마음과 할 수만 있다면 그분을 그 보좌에서 내쫓고자 하는 은밀한 욕망에 의해서나 가능한 것이 아니고 무엇이겠습니까?

2. 또한, 자살은 '인간의 본성을 거스르는 죄악'입니다. 만일에 본

성에 어긋나는 어떠한 범죄가 하나 있다고 한다면, 그것은 아마도 자살일 것입니다. 그것은 선천적이며 보편적인 자기 보존의 원리에 대한 폭력입니다. 그것은 본성의 원작자께서 우리에게 부여하신 능력들의 존엄성에 대한 모욕이며, 인간 본성을 높이고 아름답게 수놓는 불굴의 정신과 자제력의 미덕들과도 양립하지 않는 것입니다.

사실, 죽음에 대한 두려움은 사람의 심중에 자리한 가장 강력한 원리들 가운데 하나입니다. 그런데 왜 이 원리가 다른 동물들의 경우보다도 더욱 일반적이고 강력하게, 오로지 인간에게 있어서만 작용하는 것일까요? 모든 면에 있어서 지혜로우신 창조주께서 그것을, 우리가 지금 고려하고 있는, 아무리 잔인한 부족이라도 시도하거나 저지를 능력이 없는 그 범죄에 대한 일종의 방벽으로 의도하셨다는 것 이외에 다른 원인에 돌리기란 어렵습니다. 그것은 실로 타락하고 뒤틀렸으며, 악으로 뒤덮인 인간이 가장 강력한 종류의 통제들로서 보호받아야만 하는 범죄입니다. 그러므로, 이러한 통제들을 벗어나서, 본성의 원작자께서 우리 존재의 골자에 아주 촘촘하게 엮어 놓으신 자기 파괴에 대한 혐오를 극복하고 마는 그러한 자는, 종교에 있어서의 무신론자들만큼이나 도덕적으로 엄청난 괴물, 혹은 동물적 본성에 있어서 가장 흉측스러운 기형들의 총체라고 할 수 있습니다.

더욱이 자살은 인간 본성의 순수한 모든 감정에 대하여 모순될 뿐만 아니라, 또한 인간 존엄성의 모든 정당한 원리와 원칙들을 모욕하는 것입니다. 나는 대게, 자살을 옹호하는 자들이 사람의 존엄성에 대하여 가장 떠들썩하게 주장하는 자들이라는 것을 알고 있습니다. 이것이 그들이 숭배한다고 내세우는 우상이며, 그들은 그것의 명망을 위하여 다투는 것을, 그들 자신의 가장 큰 가치라고 생각합니다. 그러나 비겁자들, 겁쟁이들, 그리고 내버린 자들의 편에서 행동하는 것이 우리 본성의 존엄성에 어울리는 일이겠습니까? 꿋꿋함, 인내심, 그리고 자제력은 더 이상 미덕이 아닌 것처럼 되고 만 것입니까? 도덕적이고 종교적인 의무의 문제는 차치하고서라도, 이성을 지닌 존재가 확고부동함(firmness)으로 고통을 견디어 내고, 담대하게 역경을 맞이하며, 어려움과 고난을 승리로 극복하는 것이, 그러한 압박감을 감당하지 못하고서 갈등으로부터 도망치려고 하는 것보다도 훨씬 명예로운 것이 아닙니까?

창조주께서 우리에게 부여하신 고귀한 능력들에 대하여 이 범죄가 가하는 유린행위를, 우리는 진지하게 고려해야만 합니다. 만일에 사람의 영혼이 덜 중요한 것이라면, 만일에 그 능력들의 가치가 덜한 것이라고 한다면, 생명의 끊어짐은 비교적 사소한 것이 되어버리고 말 것이며, 그것이 우리의 본성에 가하는 폭력성은 그다지 중요하지 않은 것처럼 여기게 될 것입니다. 그러나 그처럼 숭고한 힘을 행사할 수 있는 어떤 하나의 생명력을 스스로 파괴해버리고, 그토록 활동성 있는 유능한 도덕적 행위자를 함부로 끊어내어 버리며, 그토록 풍성하고 다양하며 생산적인 재능을 소멸시켜버리는 것은, 명백하게 범죄일 뿐만 아니라 인간의 본성에 대하여 가하는 폭력임이 분명합니다. 이러한 생각은, 자살에 대한 일부의 옹호자들이 해왔던 방식으로 반박함으로써 결코 무효화 되는 것이 아닙니다. 그들은, 이 필멸의 삶을 파괴하는 것이 그러한 고귀한 능력을 일종의 감금상태로부터 자유롭게 하는 것이며, 그것들을 더욱 광범위하고 유용한 행위의 영역으로 옮기는 것이라고 주장합니다. 하지만 그들은 도대체 그러한 사실을 어디에서 배우는 것입니까? 영혼의 불멸과 미래에 그것이 처하는 상태, 즉 그것이 행복한 상태에 이를 것인지 고통 가운데 이를 것인지에 대해서는 오직 하나님의 계시에 의해서만 완전하게 규명됩니다. 이 세상과는 전혀 다른 세상을 우리의 시야에 펼침과 동시에, 스스로 목숨을 끊음으로써 우리 자신을 자살의 끔찍한 현실들로 몰아넣는 것을 엄숙하게 금지하는 그러한 계시 말입니다.

3. 자살은 **'사회를 거스르는 죄악'**입니다. 우리를 이 세상에 두신 선하신 창조주께서는, 우리를 우리의 동류인 인간들과 매우 강하고 흥미로운 관계들로 묶어 두셨습니다. 그러한 관계들은 상황에 따라서 그 수나 종류에 있어서 매우 다양하지만, 모든 경우와 모든 다양

한 조건들 가운데 존재합니다. "누구든지 자기를 위하여 사는 자가 없고 자기를 위하여 죽는 자도 없다"(롬14:7)는 것은 계시의 가르침(doctrine)일 뿐만 아니라 본성의 명령이기도 합니다. 위정자, 목사, 그리고 각자의 직무나 재능, 또는 부유함으로 뚜렷하게 그 맡은바 소임을 가진 모든 사람에게 있어서 이 범죄는 특히나 더욱 끔찍한 것입니다. 왜냐하면, 그들은 다른 사람들보다 더욱 많이, 그리고 더욱 중요한 유대 관계로 그들의 주변 사람들과 연결되어 있기 때문입니다. 만일에 그러한 사람들이, 사회에 대한 그들의 그 모든 의무와 책임들에도 불구하고 자신이 서 있는 그 자리를 스스로 떠나버리고 만다면, 그들은 이기적이고 비사회적이며 야비하다는 낙인이 찍힐 만한 어떠한 원인을 제공하는 셈입니다. 즉, 그들의 훈계, 모범, 선행, 기도로써 인류에게 복을 끼치며 살아가는 대신에, 수고와 유익을 끼칠 수 있는 현장에서 비열하게 도망쳐버리고, 오직 그들 자신의 감정에만 주의를 기울인 채로 경건함과 미덕의 인내심 있는 과정을 통해 그들이 줄 수 있는 그 모든 선을 그들 주변 사람에게서 고의로 도둑질하는 것입니다. 그러나 이것만이 전부가 아닙니다. 그러한 사람이 자기의 생명을 파괴해버린다면, 그는 사회에서 중요한 한 구성원을 스스로 탈취하고, 그가 계속하여 살아감으로써 사회에 줄 수 있었던 많은 혜택들을 사회로부터 앗아가는 것뿐만 아니라 해로운 한 본보기를 보임으로써, 그리고 자기의 행실이 영향을 미치는 다른 사람들에게까지 그러한 행위를 하도록 조장함으로써 사회에 확실한 상처와 피해를 입히게 되는 것입니다.

자살을 생각하는 그 사람이 위정자나 목사, 혹은 어떤 공적이거나 특수한 책임으로써 사회에 매여 있지 않은 사람이라고 하더라도, 그 공동체가 가장 높은 사람에서부터 가장 낮은 사람에 이르기까지 모든 구성원에 대한 정당한 권리를 가지고 있다는 것을 기억해야 합니다. 또한, 그러한 권리를 침해하거나 그들이 관련되어있는 의무들을 내팽개치는 것은 참으로 괘씸한 일이자 범죄적인 이탈이며, 우리 인류에 대한 사기행각이자, 계산할 수 없을 정도의, 그러나 대부분의 경우 심각하고 지속적으로 남게 될 것이라 예상되는 끔찍스러운 상처를 입히는 것이라는 사실을 기억해야 합니다. 또한, 누구도 자신의 경우를 특별한 것이라 주장하지 말고, 사회가 한 사람의 자살로 인하여서는 손해를 볼 것이 없다고 주장하려고 해서는 안 됩니다. 왜냐하면, 만일에 어떤 한 개인이 자살에 대한 권리가 있다고 한다면, 다른 사람들도 동일한 권리가 있다고 생각할 수 있을 것이기 때문입니다. 그리고 만일에 모든 사람이 그렇게 생각한다면, 이 세상이 얼마나 피범벅으로 얼룩진 세상이 되겠습니까? 어떠한 어두움과 비탄이 온통 사회를 뒤덮겠습니까? 어떠한 불신과 불안, 그리고 당혹감이 모든 가정을 엄습하고, 우리의 심경을 괴롭게 하겠습니까?

더 나아가, 자신의 생명을 스스로 파괴하는 사람이 사회 전체에 상처를 가하는 일 이외에도, 가정과 사회생활 가운데서 그 자신과 더욱 직접적으로 관련된 사람들에게 아주 깊은 상처를 반드시 입히고야 말 것이라는 사실을 우리는 기억해야 합니다. 자살의 죄를 계획하는 그대, 비참한 자여 답해보시기 바랍니다! 혹 그대에게는 이 범죄로 인하여 그 인생의 황혼이 비통하게 되거나, 그 백발이 슬픔과 함께 무덤으로 내려가게 될 부모가 없습니까? 혹 그대에게는 당신의 그러한 발걸음으로 인해 가장 깊은 고통으로 치닫게 될 사랑스러운 인생의 동반자가 없습니까? 혹 그대에게는 당신이 그처럼 황망하게 떠나버림으로 인하여 부모 없이 버려지고 인정사정없는 이 세상의 모든 위험에 노출될 연약한 어린 자녀들이 없습니까? 혹 그대에게는 당신의 슬픔과 그 합당치 못한 행동의 불명예를 억지로 공유해야만 하는 형제자매가 없습니까? 당신을 사랑하고, 당신의 어리석음과 죄를 슬퍼하고 당신의 그와 같은 처사로 인하여 상처를 받게 될 친구들이 없습니까?

요컨대, 당신의 그 사악한 작정의 실행이 가족들 가운데 어떤 누구의 평화도 방해하지 않는다 말할 수 있습니까? 분별력 있고 친절한 그 어떤 마음도 괴롭게 하지 않을 것이라 말할 수 있습니까? 그대를 신용하는 그 어떤 사람도 속이지 않는 것이라 말할 수 있습니까? 그 어떤 친구도 어려움에 빠트리지 않을 것이라고 자신할 수 있습니까? 그 어떤 동료의 이익이나 즐거움도 빼앗지 않는다고 말할 수 있습니까? 아! 그 악이 비록 그 자체로 여전히 범죄일지라도 만일에 당신 개인에게서만 끝나는 것이라면, 그것은 상대적으로 사소한 범죄일 수 있을 것입니다. 그러나 그러한 불행하고 죄악된 발걸음의 결과는 아마도 당신이 상상한 것 이상으로 급격하게 확대될 것이고, 당신의 기억보다도 더욱 길게 지속될 것입니다. 그런즉 죄악에 현혹된 인간이여, 그 일을 멈추십시오! 당신의 살인적인 그 손길을 당장 멈추십시오! 한 가족의 행복과 희망을 앗아가려고 하지 마십시오. 그 일은 수많은 가족들과 연관된 것일 수 있습니다. 그러니 그 계획을 그만두십시오. 어떤 시간으로도 치유할수 없는, 남겨진 자들로 하여금 당신이 태어나지 않았으면 오히려 좋았을 뻔했다고 생각하게 할 수도 있는, 그러한 상처를 주는 일을당장에 그만두십시오!

누구도 자신이 세상에서 쓸모없다고, 그 삶이 친척들이나 인류에게 아무런 가치가 없다고, 그러니 그 생명을 해쳐서 그만두게 하는것이 전혀 해롭지 않다고 생각하지 않도록 합시다. 만일에 어떤 사람이 정말로 쓸모가 없다고 한다면, 그것은 그 자신의 불명예이자그 자신의 죄일 뿐입니다. 이전에 어떤 범죄를 저질렀다는 것에 호소함으로써 또 다른 어떤 죄(즉, 자살)를 정당화하려고 생각하는 것은 논리적으로도 형편없을 뿐만 아니라, 도덕적으로도 혐오스럽고 끔찍한 것입니다.

그러나 사회에서 우리 자신이 얼마나 유익한가 하는 것은 스스로가 판단할 수 없기에, 우리 스스로 결정할 자유가 없는 문제입니다. 의기소침함과 우울감에 시달리는 사람들은 종종, 실제로는 매우 본질적이고 중요한 때에 자기 스스로 그의 봉사가 그 공동체의 무익한 구성원 내지는 단순한 훼방꾼이라고 생각하기에 이르곤 합니다. 그러나 심지어 그의 심경이 현재 매우 일그러져 있고, 매우 병약하며, 매우 삐뚤어져 있고, 매우 저질스러워져 있고, 어떤 면에 있어서 매우 부적절한 위치에 있어서 완전히 쓸모없을 수도 있다는 점을 인정한다고 하더라도, 미래에 그가 현재의 모습과는 다르게 될 수 있는 능력까지도 모두 잃어버린 것입니까? 혹 그러한 능력을 현재 잃어버렸다 하더라도, 그것이 회복될 수 있는 모든 가능성까지 완전히 배제된 것입니까? 그의 병약함이 앞으로는 제거될 수 없는 것입니까? 그를 뒤덮고 있는 짙은 먹구름이 전혀 사라질 수 없는 것이겠습니까? 그의 악덕들을 회개하고 버려버릴 수는 없는 것입니까? 그의 명성이 다시는 회복될 수 없겠습니까? 그의 유용함의 정도가 비록 위대하고 광범위하지는 않을지라도, 적어도 적절한 영역에서는 중요하게 여겨질 수 있지 않겠습니까? 이러한 점들을 적절하게 고려한다면, 호흡이 있는 사람 중에 낙담과 자살을 변호하면서 그 자신이 쓸모없다는 주장을 사리에 맞게 할 수 있는 사람은 없다는 것이 분명해질 것입니다. 왜냐하면, 무덤 이편에 있는 사람 가운데 인류에게 그 삶의 가치가 없거나, 없어질 수 있는 사람은 단연코 없을 것이기 때문입니다.

그러므로, 자살은 일반적으로 가장 지저분하고 무가치한 이기심에 의하여 유발된다고 설명할 수 있습니다. 그것은 개인의 감정이라고 하는 제단 위에 모든 것들을 다 희생시켜버리는 극악한 범죄입니다. 그것은 사회적인 선함에 관한 모든 교리를 뒤집어엎는 행위이며, 사적인 변덕스러움과 사적인 즐거움을 공적인 행복보다도 더욱 추구할 가치가 있는 대상으로 간주하는 혐오스러운 처세술을 행동의 원리로 설정하는 것입니다. 그러므로 이것은 심지어 무신론자들이라 할지라도 그 자체의 원리들을 따라서 부끄러워해야 할 범죄이지만, 그리스도인들에게 있어서는 특별히 더욱 수치스러운 것으로 여겨야만 하는 범죄입니다.

4. 만일에 우리가 불행한 사람들을 즉각적인 절망과 함께 자살로 이끄는 '그 동기들'을 살펴본다면, 우리는 아마도 그들의 행위에 있는 그 죄와 어리석음을 더 분명하게 파악할 수 있을 것입니다. 또한, 그 가운데 어떤 것도 하나님을 거스르고, 인간의 본성을 거스르며, 우리의 동료들을 거스르는 그 죄를 단 한 발자국도 정당화할 수 없는 것임을 알 수가 있을 것입니다. 그러나 만일에 우리가 일반적

으로 이러한 범죄로 이어지는 동기들에 주목한다면, 우리는 그것들이 단지 정당화하기에 불충분할 뿐만 아니라, 합리적인 성격과는 완전히 어울리지 않게 눈에 띌 정도로 빈약하고 혼미하다는 사실을 알게 될 것입니다.

이제, 침묵과 우울함을 거닐며 홀로 방황하고, 그 자신의 슬픔을 권총이나 독이 든 물약으로 끝내는 것을 꾀하는, 저기 저 성급함과 낙담함의 희생자에게 가봅시다. 그에게로 다가가서 그가 왜 삶을 그토록 버거워하는지 물어보도록 합시다.

당신은 당신의 상황들에 대해서 몹시 부끄러워합니다. 당신은 당신의 재산을 사기당하거나 재앙과도 같은 어떤 사건에 의하여 빼앗겨버렸습니다. 당신은 풍족함의 꼭대기에서 느닷없이 가장 비참한 극도의 빈곤으로 내몰렸습니다. 당신은 "땅을 파자니 힘이 없고 빌어 먹자니"(눅16:3) 부끄러운 지경입니다. 그래서 결국 삶에서 도망쳐버리기로 결심했습니다. 그러나 당신이 그 끔찍하고 돌이킬 수 없는 발걸음을 내딛기 전에, 잠깐만이라도 멈추고서, 내게 다음과 같은 질문들에 대하여 답해주시기 바랍니다. 즉, 많은 분량의 재산이 행복에 꼭 필수적인가? 그렇게 다 잃어버리고도 당신이 여전히 소유하고 있는 것만큼의 적은 돈을 가지고서 수 많은 사람들이 만족하게 살아가고 있고 또한 행복해하지 않았습니까? 아니, 그들의 풍족함과 번영의 날들 가운데서 발견했던 것보다도, 오히려 그처럼 몰락한 후에 진짜 기쁨을 더 발견하곤 하지 않았습니까? 세상의 구원자이신 예수께서는, 이 땅에 머무셨을 때에 "머리 둘 곳이 없느니라"(마8:20; 눅9:58)고 하지 않으셨습니까? 그리고 그는 자신의 모범으로서 빈곤과 고난들을 명예로운 것으로 만들지 않으셨습니까?

게다가, 비록 현재는 당신이 궁핍한 상황들 가운데 있다고 하더라도, 앞으로 얼마든지 자애로운 섭리가 당신에게 미소 짓고, 당신의 근면성에 안락함과 풍요로움을 갚아줄 수도 있지 않겠습니까? 이런 점에서 욥과 같이, 당신의 "말년"(욥42:12)에 당신의 "처음보다 더 복을 받게 될지" 누가 알겠습니까? 심지어 최악을 가정한다고 하더라도, 덧없고 만족스럽지 못한 보물들 때문에, 소중히 사용하다가도 이내 사라져버리고 말 반짝이는 작은 부스러기들 때문에, "한 줌도 안 되는 쓰레기 때문에"[7], 그토록 많은 가능성이 여전히 매달려 있는 한 생명을 파괴해버릴 것입니까? 그것은 가엾은 판단입니다! 심지어 저열한 선택이기도 합니다! 살아내십시오! 그리고 극심한 궁핍과 씨름하면서도 여전히 자신의 온전함을 굳게 지키는 자의 숭고하며 사람의 마음을 고결하게 하는 놀라운 모습을 보여주

---

[7]　세익스피어의 줄리어스 시저의 비극(The Tragedy of Julius Caesar, 1599) 4막 3장의 언급이다. [역자 주]

십시오!

또 다른 경우, 어떤 사람은 그 자신의 불명예를 섣부르게 전망함으로써 쉬이 낙담하곤 합니다. 어쩌면 그는 나쁜 자들에게 속아서 악명 높은 범죄 가운데로 빠져들었을 수도, 아니면 범죄성이 덜하기는 하지만 그가 두려워하는 대로 그의 명성을 파괴하는 상황들 속으로 이끌렸을 수도, 그래서 더이상 자신에 대한 평판이 온전하게 살아남을 수 없다고 생각할 수도 있을 것입니다. 그러나 아, 미혹된 인간이여! 당신이 생각하고 있는 그 계획(자살)이 범죄적인 것만큼이나 당신의 계산이 틀렸다는 것을 인지하지 못할 정도로 그렇게 생각이 짧습니까? 만일에 당신이 현재는 불명예 가운데 있다고 하더라도, 무덤에 당신 스스로를 숨김으로써 당신이 얻게 될 이득이 대체 무엇입니까? 분명히 아무것도 얻지 못할 것입니다. 반대로, 당신은 그 악을 감소시키는 대신에 오히려 악화시키게 되고 말 것입니다. 왜냐하면, 당신은 스스로를 (자살자라고 하는) 영원한 오명 아래 봉인해버리고, 대중의 존경을 되찾을 모든 희망을 끊어버리게 될 것이기 때문입니다. 그러니 차라리 살아내십시오! 그리고 더욱 가치 있는 행위의 과정들을 통해서, 당신의 평판을 되찾아오도록 애를 쓰십시오. 살아야 합니다! 그리고 앞으로 행할 당신의 행동으로써, 당신이 전혀 개선될 여지가 없거나 파렴치한 사람이 아니라는 것을 당신 스스로 증명해 보이십시오.

세 번째로, 어떤 사람은 극심한 고통에 시달리거나 불치병으로 인해 고통을 받는 가운데 있을 수 있습니다. 그는 그런 고통의 삶보다는 차라리 죽는 것을 더 선호하여, 고통에 대한 통상적 해방(regular dismission)을 기다리기로 결심할 수 있을 것입니다. 그러한 사람에게 저는 이렇게 말하고자 합니다. "어떤 사람도 그가 불치병이라고 생각하는 어떠한 질병이 나중에 어떤 치료법이나, 그것이 아니라면 적어도 어떤 완화책을 쓸 수 있게 될지 아니면 그렇지 못할지 확실하게 말할 수 없을 것입니다. 현재 당신의 내다보는 앞으로의 전망이 어둡고 참담할 수도 있겠지만, 욥과 같이, 얼마든지 다시금 건강과 기쁨이 회복될 수도 있습니다. 아니면 완벽하게 회복되는 것은 아닐지라도, 당신의 짐이 상대적으로 가벼워지고 견딜 만하게 될 수도 있을 것입니다. 당신이 처한 상황이 전혀 가망 없고, 당신의 삶 전체가 고통의 장면들로 점철되어 있을 것이라고 가정해 봅시다. 이성적인 존재에게, 특히 그리스도인에게 있어서 확고함을 가지고서 고통을 견디어 내는 것과 불법적이고 비겁한 수단으로써 그것에서 도망하는 것 가운데 어떤 것이 더 적합하고 바람직한 것이겠습니까? 순교자들과 그 보다 앞서 복음을 위해 핍박을 받던 자들의 명성을 그토록 높은 곳에까지 올려놓은 것은 무엇 때문이었습니까? 모든 종류의 습성들과 사고방식을 가진 사람들이 그들의 행위에 있어서 경탄하며, 불경스러운 말을 지껄이는 불신자들로부터도 종종 '전율을 동반한 존경을 끄집어내는'것은 무엇이었습니까? 그것은, 원리를 희생시키거나, 금지된 요구에 굴복함으로써 그러한 고통들로부터 벗어나려는 것이 아니라, 심지어는 일부러 가장 극심한 고문을 겪기로 선택한 초월적인 담대함(magnanimity)이었습니다."

네 번째로는, 공적 정의의 손길(공적 재판)에 의한 수치스러운 죽음이나 야만스러운 적들에 의해 질질 끌려다니는 고문들에 의하여 더욱 끔찍하게 집행될 처형에 대한 확실하게 보이는 전망을 가지고 있는 경우입니다. 그러한 경우에 그 사람은 더 은밀하고 손쉬운 방식으로 자기 자신의 생명을 해치우는 것이 정당화될 수 있다고 생각할 것입니다. 이러한 생각들과 행동은 몇몇 잘 알려진 인물들이 취한 방식이었고, 어떤 경우에 그들의 행동은 더욱 영웅적이고 더욱 이성적인 성격에 부합하는 것처럼 조명되었습니다. 그러나 고통스럽고 치유할 수 없는 질병의 경우, 즉 세 번째 경우에 인용되었던 것과 똑같은 추론이 이 경우에도 동일하게 적용될 수 있습니다. 그 누구도 자신이 피할 수 없다고 생각하는 죽음이 그대로 현실화될 것이라는 점에 대하여 절대적으로 확신할 수는 없습니다. 하나님의 섭리는 인간적인 원인에 의한 구제의 모든 가능성이 완전히 차단된 듯 보이는 자들의 구원을 위하여, 아주 특별한 방식으로 빈번히 개입해 왔습니다.

하지만 이러한 논의를 잠시 뒤로 제쳐두고서도, 무한한 지혜가 그 사람과 사회에 답을 주도록 그 두려운 죽음이 의도하는 중요한 목적이 무엇인지를 누가 말할 수 있겠습니까? 하나님의 뜻에 대한 전적인 복종은, 언제나 안전합니다. 반면에 이 뜻을 조금이라도 거스르려는 시도들은 언제나 범죄의 성격을 보이는 위험한 것이었습니다. 적들의 손아귀에 떨어지거나 공개적인 처형에 의하여 죽기보다는 자발적인 죽음을 받아들인 옛적의 저명한 영웅들이, 더욱 꿋꿋한 용기로서 하나님의 섭리를 받아들이고 살기로 했다면, 그들은 더욱더 숭고한 영웅의 풍모를 나타내 보일 수 있었을 것입니다. 그리고 이로써 그들이 자신의 나라의 복지와 영광을 얼마나 크게 증진시킬 수 있었을지는 누구도 쉽게 짐작할 수가 없을 것입니다.

다섯 번째로, 사랑에 실패하고 허탈한 첫 감정으로 인하여 더이상 인생을 유지할 필요가 없다고 여기는 경우입니다. 남녀를 하나로 묶고 가정의 행복의 기초가 되는 그 감미로운 열정은, 그것을 느껴본 적이 없는 사람을 제외하고는 누구에게서도 멸시를 받지 않으며, 오직 하나님의 권위를 부정하고 인간 행복을 적대하는 자들만이 비난할 뿐일 것입니다. 그러나 이러한 열정을 가장 중요한 것으로 인정하고, 그것이 적절하게 통제된다면 가장 칭찬받을 만한 것으로 인정되는 동시에, 무대나 소설로부터 자기의 도덕 원리를 가져오는 자들처럼 사랑만이 인생의 주된 안건이자 그 소원을 이루는 것이 삶의 모든 가치인 것처럼 상상하지는 맙시다. 그런즉 이러한 종류의 것들에 대해서는 가장 중요하게 고려해야 할 사항들이 있습니다. 우선 의심의 여지가 없이, 이러한 점에서의 우상숭배가 있을 수 있으며, 이것은 이성에 부합하지 않는 범죄입니다. 또한, 실패한 각각의 애정 관계들에서 그 애정 관계의 주체가 주장하는 모든 중요성을 그 관계에 부여한다고 할지라도, 그러한 고통을 당하는 사람으로 하여금 허탈감을 내려놓고 계속해서 살아가기를 결심하게 하는 많은 고려 사항들이 얼마나 즉시로 나타나곤 하는지요! 현재의 불안하고 우울한 그 정신에 평화를 다시금 가져다주는 데에는 그리 오랜 시간이 걸리지 않습니다. 애정을 기울일 대상은 이후에 다시금 얻을 수가 있을 것이며, 길고 불안했던 기다림은 결국에는 풍성하게 보상받을 것입니다. 혹여 그러하지 않더라도, 자비로운 섭리가 낙담하고 절망하는 자들에게 더욱 적절하고 더욱 행복한 관계를 준비하고 있을지 모를 일입니다.

여섯 번째 경우로는, 나이는 어릴지라도 방탕과 악덕에 있어서는 오래 살아온 자가 스스로 기쁨이라고 부르는 것들을 계속하여 반복해온 경우입니다. 그러한 자들은 이러한 과정에서 행복이라고는 거의 느끼지를 못하며, 삶이 더 나은 것을 제공할 수 없다고 여기는 채로, 더 이상 그 자신을 흥미롭게 하거나 만족스럽게 할 만한 대상들을 찾지 못하는 그 현장에서 벗어나기로 결심하곤 합니다. 이것은 감각적인 종류의 것들 외에는 어떠한 즐거움도 발견하지 못하는 반드시 죽을 수밖에 없는 가련한 자들에게 있어서 흔히 있는 일입니다. 그들은 방탕한 것과 음탕한 것들 외에는 자신의 흥미를 북돋우지 못합니다. 하지만 그런 것들 외에는 더 이상 이 세상 속에서 흥미로운 활동이나 추구할만한 만족스러운 일들을 찾을 수 없다고 생각하다니, 이 얼마나 저질스러운 발상입니까! 우리의 정신을 함양하는 것과 지식을 습득하는 것, 문학과 과학의 즐거운 영역에서 선택된 동료들과 동행하는 가운데서 고양되는 고상한 쾌락(정신적 쾌락)들은 다 어디에 있습니까? 굶주린 자를 먹이고, 헐벗은 자를 입히며, 무지한 자를 훈육하고, 초라한 방랑자를 "고향으로 가는 길"로 인도하는 가운데서 흘러나오는 숭고한 만족감은 다 어디에 있는 것입니까? 은혜를 연습함(the exercise of grace)과 거룩한 의무들을 이행함(the discharge of holy duties) 가운데서 솟아나는 천상의 기쁨은 다 어디 있습니까? 이러한 것들을 여전히 누릴 수 있는 이 세상이 살만한 가치를 전혀 제공하지 않는다고 말할 수 있습니까? 눈이 멀고 그릇된 판단을 하는 죽을 수밖에 없는 자들이여! 부디 이러한 기쁨 가운데 일부만이라도 얻기를 시도해 보십시오. 당신이 지금까지 무시해 왔던 진정한 행복으로 가는 이러한 길들을 조금이라고 모색해 보고, 그 길이 당신의 관심을 끌 만한 가치가 있는지 아닌지 직접 확인해 보십시오. 무엇보다도, 하나님의 책(성경)을 열어 구속하시는 사랑에 대한 귀중한 기록들을 살펴보고, 거기서 "하늘이 땅보다 높음 같이"(사 55:9), 복음이 감각적인 것들만 추구하는 자들의 저급한 만족감보다도 훨씬 더 높은 수준의 활기와 기쁨을 그 마음 가운데 제공한다는 것을 즐거운 경험을 통해 배우시기를 바랍니다.

마지막으로는 사람들의 갈채에 대한 허영심 가득한 숭배자의 경우입니다. 그들은 자살을 대담하고 자립심이 있으며 고상한 정신을 가진 자의 탁월함을 보여주는 것으로 여기고, 이름을 날리며 자신이 그러한 범죄를 저지를 만한 확고함과 충분한 용기가 있다는 것을 피력하기 위하여 스스로 살인자가 되는 것입니다. 그러나 우리는 종종, 그리고 올바르게 일대일 결투(dueling)에 대해 말해왔던 것처럼, 자살에 대하여 대부분 그것이 진정한 용기라기보다는 비겁함의 결과라고 말할 수 있습니다. 최근에 죽은 어떤 탁월한 불신자는 자살한 그의 아들의 시체를 발견하고서 "불쌍하고 정신나간 비겁한 자!"라며 부르짖었는데, 그 후로 그 불행한 사건에 대하여는 일절 언급하지 않았습니다.[8] 허황한 명성에 대한 그릇된 숭배자들

---

8   이 일은 에라스무스 다윈 박사와 관련된 것으로, 더웬트(Derwent) 호수에 스스로 몸을 던져 자살한, 그와 동일한 이름을 가진 그의 아들(Erasmus Darwin Jr)의 죽음에 대한 것이다. 그 탁월한 의사에 대해서는, 『슈워드 부인의 일생(Miss Seward's Life)』 295-297쪽을 보라. 사실, 그때의 발언에 대한 진실성은 후대의 작가에 의해 의문시되었지만, 슈워드 부인과 같이 다윈 박사와 그토록 친밀했던 친구가 했던 진술의 정확성에 대하여 딱히 의심할만한 근거는 없어 보인다. 그녀는 그의 기억을 매우 존중하여 기리던 사람이었는데, 만일에 그 비화가 사실이라면 그것은 어떠한 교훈을 우리에게 전해준다. 즉, 다윈 박사가 그의 자녀들의 정신에 심

이여! 자살 행위를 고려하는 데에 있어서 거의 모든 정신들 가운데 즉흥적으로 떠오르는 감정이라는 것은 대부분 그와 같은 것들입니다! 그대들이 허황하게 명예의 원천으로 여기는 것들이, 실제로는 수치스러운 기념물일 뿐이라는 것이 보편적으로 드러날 것입니다. 그러나 이러한 행동의 수치스러운 본질에 대해서는 잠시 접어두고, 이웃들로부터의 존중을 받기 위하여 이러한 방식으로 그 자신을 높이려는 자에게 물어봅시다. 그와 같이 유약하고 어리석으며 미련한 행위보다도 당신의 용기를 더욱 합당하게 보여줄 수 있는 수많은 다른 방법들이 있지 않습니까? 당신의 목적은 당신의 담대함을 실행하고 보여주는 것이 아닙니까? 그렇다면 가서 그리스도인의 의무들을 신실하게 이행하십시오! 선을 이루고 당신 자신의 영혼을 다스리며, 모든 형식의 오류와 악에 대항하십시오. 당신은 분명, 가장 확고한 용기와 최고로 고상한 정신을 내비쳐 보일 수 있는 충분한 기회를 발견하게 될 것입니다. 가서 믿지 않는 자들의 비웃음과 신성모독적인 말들에 당당히 맞서십시오! 타락한 풍조라고 하는 히드라(Hydra)와의 거침없는 전쟁을 벌이고, 일찍이 성도들에게 주어진 신앙을 위하여 열심과 인내로 싸우며, 선을 행하기 위하여 수고하고 자기를 부인하며 조롱을 견디어 내십시오. 그 누가 당신을 대

어주었던 철학과 원리들이, 오히려 그 자녀들의 정신으로부터 최고의 위안을 빼앗고 낙담과 자살을 부추겼던 동시에, 그가 자살을 찬성하지 않으며, 그것을 비겁하고 저질스러운 행위로 여겼다는 것이다. 그가 무신론자임에도 불구하고 말이다.

적하고, 그로 인해 당신이 어떤 대가를 치르든지 간에 당당히 당신의 자리를 지키며, 모든 의무를 이행함에 있어서 신실하십시오. 이것이 사람으로서, 그리스도인으로서 가장 합당한 담대함입니다. 이것이 잘못된 방식으로 이름을 날리기 위해 그토록 애쓰던 그 가련한 허영심이 망각 속에 묻힐 때, 즉 "악인의 이름이 썩게 될 때"(잠 10:7) 살아서 명예롭게 기억될 진정한 담대함입니다.

다음과 같은 것들이 사람들로 하여금 낙담과 자살을 빈번하게 유발시키는 몇몇 고려 사항들입니다. 즉, 자존심, 허영심, 성급함, 비겁함, 세상에 대한 범죄적인 사랑, 행복에 대한 거짓된 추정, 비열하며 저질스러운 이기심과 같은 것들 말입니다. 이러한 것들이 비록 그럴듯한 이름으로 불리더라도, 그것들은 자살의 열에 아홉을 발생시키는 진짜 동기들입니다. 그러한 동기들이, 과연 깨어 있고 덕이 있는 정신들에 의해 정당화될 수 있을까요? 결코, 그렇지 않습니다, 형제들이여. 그것들은 이성이 금지하고, 종교가 비난하며, 심지어 범상치 않은 정신적 역량을 지닌 불신자들조차도 비난해 마땅한 그런 것들입니다.

5. 자살은 '무덤 너머에 있는 우리의 모든 유익들과 소망들로 인해' 재차 엄숙하게 금지됩니다.

대중 매체 가운데서, 우리는 침울하고 우울한 시간을 보내던 자들이 "그들 자신의 생을 마감했다."고 발표되는 것을 심심치 않게 보게 됩니다. 죽음이 진실로 그들 존재의 종말이라면, 아마도 하나님을 거스르며 살다가 죽은 자들에게는 잘된 일일 것입니다. 왜냐하면, 존재가 멸절되는 구렁텅이 속으로 가라앉는다는 생각이 아무리 끔찍하다고 하더라도, 그러한 구렁텅이가 저주받은 자들이 떨어지는 지옥보다는 선호할 만한 것이기 때문입니다. 아아! 그러나, 이러한 희망은 가련하게도, 헛된 것입니다. 불신자들은 내게, 실로 죽음이 아무것도 아니라고, 그것은 단지 생존 기능에 필수적인 "저 붉은 액체의 일부를, 그 일반적인 경로로부터 방향을 바꾸는 것"에 불과하며, 그 자신의 생명을 파괴하는 데에 있어서 그는 단지 물질의 작은 일부를 변형하는 것일 뿐이고, 동물적인 기계의 움직임을 멈추는 것에 불과하다고 말할 것입니다. 왜냐하면, 분명히 기억해야 하는바 인간의 존엄성과 완벽성에 대하여 항상 떠들어대던 자들만큼이나 참된 명예를 부정하고 인간 본성의 가장 고귀한 특전(prerogative)들을 짓밟는 그러한 부류의 사람들이 없기 때문입니다. 이들은 사람이 그저 기계에 불과하다고, 영혼이나 정신은 무의미한 것이고 그것의 영원함이나 불멸함은 한낱 꿈에 불과하며, 따라서 당연히 생명의 파괴 자체는 전혀 주목할 가치가 없다고 우리를

46

설득하려고 하는 교만한 선생들인 것입니다.[9]

그러나 그처럼 불행하게 죽을 수밖에 없는 자들에게 화 있을진저!
그들은 이러한 불경건한 망상을 끌어 앉은 채, 그 자신의 생명을 거
슬러 살인의 손길을 치켜드는 자들입니다! 이러한 도덕적 삶의 종
말이 그가 이제껏 들어왔던 것보다 훨씬 더 심각하다는 사실을 발
견하게 될 때, 그는 얼마나 놀라고 당황하게 되겠습니까? 다시 말
해서, "영원한 것들이 매달려 있는 가느다란 실을 자르는 것"이자,
은혜의 날에 종지부를 찍는 것, 회개와 개혁의 모든 기회를 한꺼번
에 마감해 버리는 것, 불멸의 영혼을 심판대의 심판관 앞으로 내모

---

9 "사람이라는 존재가, 죽음의 일격에서 살아남아 행복 혹은 비참함이 절대 끝나지
않는 상태로 미래 세계를 살도록 운명지어진, 도덕적이고 책임감 있는 존재라고 하
는 가정은, 그렇지 않다는 가정보다, 그를 비교할 수 없을 정도로 중요한 피조물로
만든다. 전능하신 통치자께서 한 인간을 현재의 자리에 있도록 하셨고, 현재의 삶
이 시험의 때이며, 영원으로 뻗어 있는 거대하고 끝없는 사슬의 첫 번째 연결고리
라는 점을 우리가 고려할 때, 그 인간 존재는 우리 눈에 무척이나 품위 있는 자로
여겨진다. 그와 관련한 모든 것들이 흥미로워지고, 그의 행복을 가볍게 여기는 것
은 가장 용서할 수 없는 경박함으로 느껴진다. 만약 사람의 운명이 그와 같다면, 그
를 그러한 운명에 걸맞게 하는 자질들 안에 그의 주된 존엄성이 존재한다는 것이
분명하다. 즉, 그의 도덕적 위대함이 그의 참된 위대함이다. 정반대로, 인간을 어
떠한 초월적인 힘과도 연결되어 있지 않으며, 죽을 때에 그 존재가 완전히 소멸되
는 우연의 산물로서 표현하는 회의주의적인 원리들을 인정하면, 인간은 그 존재와
행복이 그다지 대수롭지 않은 하찮은 피조물이다. 인간과 맹목적인 피조물 사이의
특징적인 차이점은 사라지고, 지각력의 생생함과 다양성 외에는 인간은 더 이상 그
들로부터 구별되지 않는다."로버트 홀(Robert Hall)의 A Sermon On Modern
Infidelity: With Respect To Its Influence On Society 중에서.

는 일을 서두르는 것, 끝없는 비참함이나 끝없는 기쁨의 상태에 영혼을 고정시켜버리는 것이라는 사실을 깨달을 때 말입니다.

아마도 사람들은 다음과 같이 물을 것입니다. "자살한 사람의 최종적인 구원에 대해서도 우리는 희망을 기대해 볼 수 있지 않겠습니까?"하지만 이러한 질문은 눈멀고 부정한 죽을 수밖에 없는 자들이 결정하기에는 적절하지 않은 것입니다. 하나님의 자녀가 뜻밖에 아버지의 실존 앞에 직면하게 될 정도로 정신적 혼란에 빠지는 일이 있을 수 있습니다. 저는 이러한 종류의 예들이 종종 일어날 수 있다는 것을 인정합니다. 그리고 그러할 때, 그 사람의 구원을 의심치 않습니다. 그러나 진정한 그리스도인이 이성을 행사하는 가운데서 그 스스로 자신의 사형을 집행하는 자가 되었던 적이 있었는지, 매우 확실한 근거 위에서 이러한 의문이 제기될 수 있는 것입니다.

더욱 호의적인 견해를 취하려는 경향이 있는 자들은, 다음과 같은 하나님의 영의 엄숙한 선언에 대하여 잘 생각해 보아야 합니다. "살인하는 자마다 영생이 그 속에 거하지 아니한다."(요일3:15) 그렇다면 우리가 조금이라도 긍정할 수 있는 자살자의 비율은 얼마나 적은 것이겠습니까? 하나님의 섭리를 신뢰하지 않고, 오히려 가장 악한 열정들에 의하여 충동을 받으며 창조주와 이웃들에 대하여 자신을 결속시키는 모든 의무를 짓밟아버린 채로 하나님을 감히 고의적으로 거슬러서 세상과 작별을 고할 때, 어떻게 자비가 그들을 "약속의 언약들에 대하여는 외인들"로 여기지 않을 수 있으며, 또한 그들에 대하여 "멸망의 자식들"(요17:12)이라고 울부짖지 않을 수가 있겠습니까?

거룩한 역사를 살펴보고 영감된 성경의 기록자가 유일하게 기록한 자기 파괴의 예로서 사울과 아히도벨, 그리고 유다의 경우를 조사해본다면, 이 결론은 확실하게 될 것입니다. 이 가련한 자기 파괴자들의 마지막 순간 가운데서 그들이 자신들의 죽음 이후의 상태에 대하여 어떠한 소망을 품고 있었다고 보증할 수 있을 만한 무언가가 발견됩니까? 아아! 그렇지 않습니다. 우리는 끝까지 그들이 하나님을 향하여 자만심과 적대감, 또한 악마적이고 어두운 거처에서 저주받은 자들의 마음을 괴롭히는 혐오스러운 증오와 절망이 혼합된 정신상태를 드러내는 것을 오히려 보게 될 뿐입니다.

그렇다면, 이들과 같은 방식으로 이 땅에서의 슬픔을 끝내려고 하는 모든 사람에게 이들의 미래의 운명은 얼마나 엄숙한 말로 경고하고 있는 것이겠습니까? 사람아, 멈추어라! 멈춰 서서, 그 돌이킬 수 없는 발걸음을 내딛기 전에 기억하라! 당신이 무덤 너머에서도 존재한다는 것을 기억하라! 죽을 준비가 되어있는가? 당신은 당신의 현재 상태가 아무리 비참하다고 하더라도, 죽음이 당신을 더욱 큰 비참함 즉, "구더기도 죽지 않고 불도 꺼지지 아니하며"(막9:48), "그 고난의 연기가 세세토록 올라가는 것"(계14:11)과 비교한다면, 이생의 가장 무거운 재앙조차 아무것도 아니게 될, 그러한 영원한 절망의 감옥에 처하게 하지 않을 것이라고 확신할 수 있는가?

자살한 사람의 죄책과 어리석음, 그리고 그로 말미암은 파멸이 이와 같은 것입니다. 하나님께서 그분의 무한한 자비로서 여러분들 모두를 그토록 통탄할만한 혼미함과 그토록 복합적인 악의 범죄로부터 보존하여 주시기를! "나는 의인의 죽음을 죽기 원하며 나의 종말이 그와 같기를 바라노라."(민23:10) 아멘!

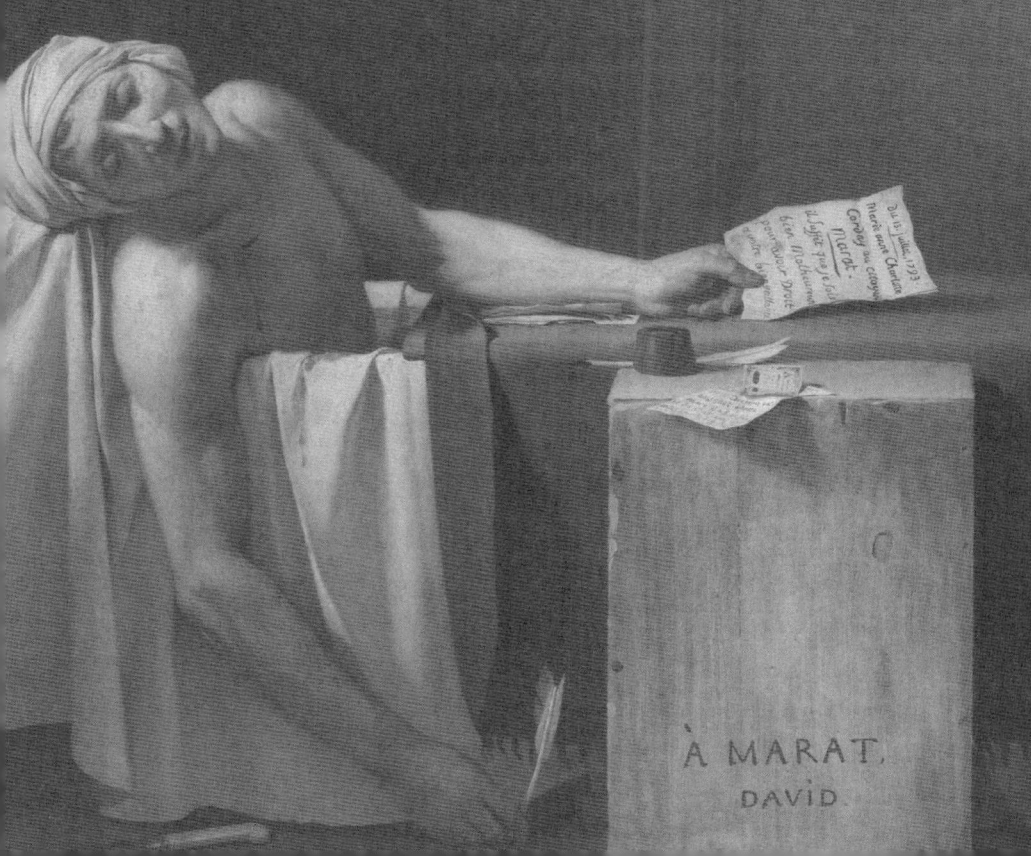

자살의 근원들

앞서 우리는 자살의 죄악성과 어리석음에 대하여 살펴보았습니다. 그와 같은 악과 관련하여, 우리는 그것의 근원들에 대하여 충분히 알 수가 없었으며, 치명적인 유혹으로 이어질 수도 있는 감정이나 행실들에 대하여 충분히 주의 깊게 경계할 수도 없었습니다.

II. 그러므로 이를 위하여, 이 범죄가 발생하는 몇 가지 근원들을 밝히고, 우리를 위험에 노출시키는 몇몇 원리들과 습성들을 지적해 보도록 하겠습니다.

많은 사람들은 자살이라는 것이 언제나 광기 가운데서 발생한다고 믿습니다. 만일에 이것이 의미하는 바가, 자살하는 모든 사람들은 끔찍하게 홀려서 그렇게 된 것이고, 따라서 그들은 비난의 대상일 뿐만 아니라 동정의 대상이라는 것을 의미한다면, 그것은 의심의 여지가 없이 정당한 견해일 것입니다. 그러나 만일에 이것이 의미하는 바가, 이 범죄를 저지른 모든 사람을 반드시 '광기'라 명명하는 정신적인 이상 상태에 빠진 것으로 간주해야 하고, 그 불행한 주체를 도덕적 행위자의 지위에서 당분간 제외시켜야 함을 뜻하는 것이라면, 확신하건대, 그것은 그냥 오류가 아니라 가장 해로운 오류 가운데 하나일 것입니다. 하지만 이와 다르게 오히려 극도로 분명한 냉정함을 가지고서, 대단한 신중함으로, 그 주제에 대한 절차적인 기나긴 추론을 거쳐서, 세상적인 일들을 매우 정연하게 처리한 후에 자기 생명을 파괴해버리고 마는 사람들이 많이 있습니다. 그러한 사람들을 광기에 사로잡힌 사람들이라고 단언하는 것은, 전혀 개연성이 없고 적절하지도 못한 일입니다.

어쩌면 '오직 정신적으로 불안정한 사람만이 자연적 감정과 이성의 명령을 총체적으로 완전하게 거슬려 버리고 마는 그러한 범죄를 저지를 수 있다.'고 말하는 사람들이 있을지 모르겠습니다. 하지만 부모나 남편, 아내, 자녀를 살해하는 것 역시 극악무도할 뿐만 아니라 비본성적인 범죄 아닙니까? 그러나 이러한 종류의 사건들이 발생한다면, 우리는 대게, 그리고 정당하게 그것들이 지적인 혼란보다는 커다란 도덕적 타락으로 말미암은 것이라고 말하곤 합니다.

하지만, 모든 자살을 그저 광기의 탓으로 여겨버리는 자들은, 단순히 사변적인 오류에 대한 책임만이 있는 것이 아닙니다. 그들의 가르침은 실천적인 해악을 일으키기까지 합니다. 그러한 가르침을 받아들이는 이들의 마음속에서는, 문제의 그 범죄에 반드시 따라와

야 하는 도덕적인 반감(the moral odium)이 감소하는 경향이 있습니다. 더 나아가, 이 범죄를 일으키는 훨씬 상습적인 다른 근원들로부터 사람들의 주의력을 돌리고, 또한 우리 행복과 삶의 가장 무시무시한 몇몇 적들에 대해 방심하게 만들기도 한다는 것에는 의심의 여지가 없습니다. 그러므로 나는 이 후속되는 강연에서, 이미 수많은 사람들에게 치명적이었던, 그리고 그것으로 매일 수많은 사람들을 가장 위험하고 위협적인 환경 속에 놓이게 하는 몇몇 주요한 감정들과 습관들(practices)이 무엇인지를 드러내 보이고자 합니다.

1. 자살은 거의 대부분의 경우에 있어서, **'거짓된 종교와 도덕의 원리들'**에서 비롯됩니다.

사람을 현재의 존재 상태에 묶어주는 가장 강력한 끈이 삶과 그것의 즐거움에 대한 사랑, 그리고 도덕적이고 종교적인 강한 의무감이라는 것은 모두가 인정하는 바입니다. 그러나 종종 그러하듯이, 일련의 환난에 의하여 삶과 그것을 향유하는 것에 대한 사랑이 사라져 버리면, 도덕적인 의무감과 종교적인 의무감 모두가 없어져 버리거나, 혹은 그것의 중요성에 대한 매우 미미한 인상만을 지닌 사람의 상황이라는 것이 얼마나 위험하고, 개탄스러운 것입니까!

우리는 아마도, 슬픔 가운데 있는 많은 사람들 중에, 만일에 그들이 가진 원리들에 의하여 제지되지 않는다면, 훨씬 오래전에 이미 삶의 짐을 내려놓고, 섭리가 그들로 하여금 있도록 한 그 지위를 무단으로 떠났을 수많은 사람들이 있음을 자신 있게 주장할 수 있을 것입니다. 그러므로 이러한 의무감에 반하는 모든 의견, 하나님을 덜 두려워하고 덜 사랑하게 하며, 거룩함의 기준을 약화시키고, 죄를 덜 혐오스러운 것으로 만들며, 영혼을 덜 중요한 것으로 만들고, 영원함을 별 것 아닌 것으로 만들어버리는 경향이 있는 모든 의견들이 분명히 자살에 대한 장벽을 반드시 약화시키는 것들입니다. 왜냐하면 그러한 모든 의견들은, 그것을 받아들이는 사람들의 생각에 있어서, 삶을 덜 중요한 것으로 만들어버리고, 죽음을 별로 주목하지 않아도 되는 것처럼 만들며, 덜 엄숙한 사건으로 만들어버리기 때문입니다.

따라서, 어떤 사람이 이 우주에 도덕적 통치자가 없고 그 자신의 행동에 대하여 책임이 있는 판단자도 없다고 믿을 때, 찾아야 하는 천국도 없고 피해야 할 지옥도 없다고 믿을 때, 그는 당연히 그 자신의 생명을 임의대로 처분할 자유가 있다고 느끼지 않겠습니까? 그리고 만일에 어느 때에든지 그가 존재하는 것에 지치고, 그 자신을 그의 가족들과 친구들에게 묶어주는 애정이 고통의 압박을 상쇄하지 못한다는 것을 발견한다면, 무엇이 그로 하여금 무덤에 안식처를 마련하려고 하는 것을 가로막을 수가 있겠습니까? 이미 앞에서 말했듯이, 무신론자들조차도 자살을 저주하고 혐오해야만 하는 강력한 이유들이 있는 것이 사실입니다. 그러나 그들이 가지고 있는 원리들의 있는 그대로의 경향성은, 인생이 부담이 될 때마다 몇 번이고, 그리고 자연스럽게, 사람을 그것으로부터 도망가도록 만드는 냉정한 이기심, 교만으로 말미암은 조급함, 우울한 자포자기의 심정을 갖게 한다는 것 역시 사실입니다.

우리가 질문하고 있는 그러한 죄로 이끄는 것은, 단순히 극도의 불신앙이나 완전한 무신론 그 자체가 아닙니다. "땅에서 심판하시는" 하나님을 "우리들 중의 하나와 같은 줄로" 믿는 것(참고. 시 58:11, 50:21), 우리에 대한 그분의 권위를 부인하는 것, 그분의 위협들을 속 빈 형식적 절차로 여기고서, 그의 자비를 단순히 죄에 대한 방조나 용인 정도로 생각하는 것, 간단히 말하자면, 그의 하나님 되심(character)과 의지, 그분에 대한 우리의 관계, 혹은 복음의 정신(the genius of the gospel)에 대하여 어떤 급진적인 오류를 갖는 것이 [우리를 그 죄로 이끄는 것]입니다. 이러한 종류의 모든 오류는, 그것의 크기에 비례하여 도덕적 의무에 대한 감각을 약화시키고, 우리의 정신으로부터 가장 값진 부목(splint)들을 빼앗으며, 모든 성급한 감정들에 속아 넘어가도록 하고, 모든 자포자기적인 격정들에 놀아나도록 하는 경향을 내포하고 있습니다.

이에 대한 증거를 원하십니까? 그렇다면 우리가 질문하고 있는 그 범죄가 어떤 시대, 어떤 사회에서 가장 흔했는지 질문해 보시기 바랍니다. 그러면, 정확하게 불경건과 방탕함(profligacy)이 가장 만연했던 그러한 시대, 그러한 사회들이라는 것을 발견하게 될 것입니다. 초기의 로마 공화정 시대는, 우리가 알듯이 자살은 거의 범해지지 않았습니다, 그러나 에피쿠로스와 스토아 철학에 힘입은 사치가 그들의 소박함과 미덕을 부패하게 해버렸을 때, 로마인들은 곧장 그들의 불행과 그들의 악덕들의 영향으로부터의 피난처로서 자발적인 죽음을 찾기 시작했습니다. 그리고는 얼마 지나지 않아서, 이러한 범죄가 그 사람들 사이에서 놀라울 정도로 빈번하게 행해졌습니다.

현대 유럽[1]의 다른 여러 지역 가운데서의 견해들과 도덕적 상태에 관하여 비교해보면 비슷한 결론이 나올 것입니다. 그리고 우리나라[미국]의 역사 역시도 의심의 여지가 없이 그 입장을 설명하고 확증해 줍니다. 그리 멀지 않은 과거에, 소박하고 근면한 습관이 인구가 많은 도시에서까지 특징을 이루었고, 방탕한(licentious) 원리들이 상대적으로 별로 알려지지 않았을 때, 자살 사건은 아주 드문 일 가운데 하나였습니다. 그러나 보다 최근에 이르러서 사치와 불신

---

1 19세기 유럽을 지칭한다. [역자 주]

앙이 증가함과 동시에, 우리는 이러한 비자연적인 범죄가 매일 점점 더 만연해지는 것을 보게 되었습니다.

혹시 지금도 여전히 더욱 분명하고 명쾌한 증거가 제시되기를 원하십니까? 자살자들이 살아남은 자들에게 흔히 남겨두는 [유서에 담긴], 그들의 행동에 대한 변명과 정당성의 요구에 대하여 조사해 보십시오. 그러면, 전적인 불신앙 혹은, 반기독교적 견해의 일종이 그들의 판단을 왜곡시켰고, 그 주제에 대한 그들의 모든 합리성을 부패시켰으며, 그들을 그러한 치명적인 행위로 몰아넣었다는 것을 반드시 알게 될 것입니다. 어떤 사람은 '하나님은 없다.'라는 믿음을 공언하고, 어떤 사람은 그분의 섭리에 대한 교리를 부정합니다. 또 다른 어떤 사람은 '하나님은 전적인 자비이시다.'라는 가정을 바탕으로, 죄를 벌하는 성향은 그분의 하나님 되심의 일부가 될 수 없다고 가정합니다. 그리고 이러한 사람들은 모두 창조주가 주었고, 그분만이 홀로 회복시킬 수 있는 그 생명에 대하여, 사람이 임의로 처분할 권리를 가지고 있다고 주장하는 점에서 일치하곤 합니다.

자살이라는 이 범죄를 저지르는 사람들 가운데, [기독교의 영향권 아래에 있는] 맹목적 무신론자에서부터 [이교도 영향권 아래서][2] 미

---

2 힌두교의 샤스트라(Shastra)는 자살을 엄격한 처벌로써 금지한다. 그러나 브라만

혹된 힌두교인에 이르기까지, 종교를 완전히 부정함으로써든, 아니면 오류가 있고 부패한 견해들을 받아들임으로써든 자신의 마음을 사악한 목적에 융화시키지 않는 사람은 없을 것입니다. 이런 경우들에 있어서 거짓된 원리들로 인한 해악은 너무나 명백하여 의심할 여지가 없으며, 너무나도 충격적이어서 공포에 사로잡히지 않을 수가 없습니다.

그리고 여기에서 나는 다른 곳에서 스치듯이 암시되었던 것 즉, '많은 극적 표현들과 방탕한 소설들에 의해 생산된, 대중적 견해들에 의한 악한 영향력이, 자살의 범죄에 관한 많은 사례들로 이어질 수 있는 것으로 보인다'는 것을 더욱 분명하게 언급하지 않을 수 없습니다. 아마도 어떤 이들은 이것이 터무니없고, 편협한 가정이라고 단언할 것입니다. 그러나 그처럼 반대하는 자들에게 묻겠습니다. 그러한 작품들 가운데 많은 수가 미덕과 종교를 경멸스럽게 하면서도 악을 명예롭고 매력적이며 크게 성공적인 어떤 것으로 만들지 않습니까? 그러한 작품들이 빈번하게, 인기 있는 몇몇 영웅들의 입을 통해서 부패한 견해들을 말하곤 하지 않습니까? 그 등장인물이 가진 화려함이 가장 혐오스러운 감정들을 미화하는 데에 사용되

(Brahman) 성직자들로부터 죽음을 경멸하고 자살의 방식으로 삶을 마치는 것에 대하여 명예롭게 여기도록 가르침을 받은 힌두교인들은, 특히 나이가 들고 쇠약해졌을 때, 빈번히 스스로 생을 마감하는 것으로 전해진다.

고, 그의 웅변이 가진 힘이 가장 범죄적인 격언들을 추천하는 데에 사용되지 않습니까? 그것들은 자주 죽을 수 밖에 없는 자가 저지를 수 있는 가장 끔찍한 범죄들과 그 나머지 가운데 하나인 자살을 사소한 잘못으로, 그리고 때로는 전혀 잘못이 없는 것으로 미화하여 표현하지 않습니까? 한 마디로 그러한 것들 가운데 많은 수가, 마치 그들의 주요 목표가 모든 격정들에 대한 변명을 형성하고 모든 부패한 성향들에 대한 관용을 호소하는 데에 있는 것처럼 정확히 구성하고 있지 않습니까?[3] 그러한 작품들이 자살에 대하여 호의적인 경향을 가지고 있다고 말하며, 습관적으로 그것을 즐기고 음미하는 자들이 큰 위험에 처해 있다고 말하는 것이 터무니없이 편협한 것입니까? 형제들이여, 그렇지 않습니다. 오히려 놀랍고도 유감스러운 것은, 그리스도인의 이름을 지닌 많은 사람들조차도 이러

---

3 이러한 주장을 뒷받침하는 사례들을 제공하는 일은 어려운 일이 아니다. 심지어 덕과 종교에 대한 확고한 지지자인 키케로(Marcus Tullius Cicero, BC 106-BC43)의 창작물인 『카토의 비극(Cato Maior De Senecture)』조차, 자살에 대하여 호의적인 경향이 있다고 최고의 평론가들에 의하여 공언되어왔다. 예리한 논평자들은, 이러한 저명한 비극의 상연 뒤에 자살 사건이 예외 없이 뒤따랐으며, 이러한 공연들과 자살 사건들 사이에 어떠한 연관성이 있다고 믿을 만한 충분한 이유가 있다고 주장했다. 이 주제에 관한 루소(Jean-Jacques Rousseau, 1712-1778)의 저 가증스러운 소설 『신 엘로이즈(Julie, ou la nouvelle Héloïse, 1761)』의 도덕적 관념은 극히 의심스럽다. 왜냐하면, 저자가 비록 자살의 합법성에 관하여 찬성과 반대, 양쪽 모두의 입장을 모두 설득력 있게 논하지만, 몇몇 사람들이 보기에는, 그의 논거들 가운데에는 이 범죄를 옹호하는 것들이 그것에 반하는 것들보다 더욱 깊은 인상을 남기도록 그에 의하여 계산되고 의도되었다고 보이기 때문이다.

한 위험성에 대하여 거의 통감하지 못하고 심지어 어떠한 경우에는 그것의 실제성에 대하여 의심한다는 점입니다.

그렇다면 불신앙이나 그보다 나을 것이 없는 해이한 종교적 원리 즉, 하나님을 편의를 잘 봐주는 변덕스러운 존재로, 그분의 법을 조롱거리로, 그리고 그분의 복음을 죄의 사역자로 만드는 것은 수많은 사람들의 마음을 독살하고 도덕성을 부패시킬 뿐만 아니라, 매일 때 아닌 무덤들로 수천의 사람들을 몰아넣는 치명적인 망상이라 할 수 있습니다. 이러한 망상이 지배하는 곳에서는 어떠한 미덕도 안정적일 수 없고, 도덕적 구속력도 영구적일 수가 없으며, 어떠한 삶도 안전할 수 없습니다. 이러한 망상은 아첨하고 속여 비참함에 빠지게 하고서는, 어떠한 위로도 건네지 않은 채 차가운 무관심으로 죽음의 도구를 준비하여 그것을 그 희생양의 손에다가 쥐어준 후에, '악마의 미소'를 지으며 그를 죽음으로 내모는, 눈멀고 무자비한 안내자일 뿐입니다.

죽을 수밖에 없는 자들이여! 당신에게 닥친 위험을 직시하고, 그것으로부터 도망치십시오! 불신자들의 비웃음과 제안들을 들을 때, 당신은 영혼의 소망을 파괴하려는 사람의 말을 듣고 있는 것일 뿐만 아니라, 당신 자신이 스스로의 생명을 거스르는 간접적인 음모자로 간주될 수 있다는 것을 기억하십시오. 그들의 원리들과 술책들에 대하여 혐오감을 가지고서 피하십시오. 일찍이 그들의 오류들을 간파할 수 있게 하고, 그들의 논거들에 대하여 대답할 수 있게 하며, 또한 그들의 비웃음을 멸시할 수 있게 하는 그러한 원리들로써 훈련되어 확고하게 되는 것을 당신의 최우선의 과제가 되게 하십시오. 그렇게 무장하지 않는 한, 당신이 노출되지 않았다고 말할 수 있는 위험은 없을 것입니다.

아! [신학적] 원리들도 없이, 복음에 대한 어떠한 이해도 없이, 그가 노출된 위험들이나 방어의 수단들에 대한 어떠한 지식도 없이 행위의 단계로 나아가도록 허락된 젊은이의 처지는 얼마나 위태롭고 가엾습니까! 마치 나침반이나 해도도 없이 사람들의 발길이 닿지 않은 해양으로 무모하게 나아가는 선원들과 다름이 없는 그러한 사람에 대하여서, 우리가 무엇을 기대할 수 있겠습니까? 그는 모든 거짓된 상황들에 의하여 속고, 폭풍우의 장난감이 되며, 결국에는 바위에 부닥치거나 무자비한 파도들에 삼켜져 버릴 것입니다.

2. 우리가 추적할 수 있는 자살 사례들의 또 다른 원천은 **'젊어서부터 삶의 쾌락에 대하여 지나치게 탐닉하는 것'**입니다.

감각적 쾌락들을, 이성뿐만 아니라 하나님의 법이 요구하는 제한들과 절제 아래서 추구하고 탐닉할 때, 그러한 쾌락들은 의심의 여지가 없이 나름대로의 가치가 있으며, 인간이 가지는 즐거움의 본질적인 부분의 하나처럼 간주되어야 합니다. 이러한 '쾌락의 경륜(economy of pleasure)'을 일찌감치, 그리고 부지런히 준수한다면, 지상의 행복에 있어서 매우 필수적인 육체의 활력과 정신의 활력이 일반적으로 인생의 말년까지 유지될 것입니다. 그러나 세속적 쾌락이 우리의 주된 사업이 되고, 추구해야 할 대(great) 목표가 될 때, 그것은 그 자체로 실망스럽게 되고, 본래의 목적을 좌절시키는 일에 있어서 절대로 실패하지 않을 것입니다. 가장 고상한 만족감이라도 빈번하게 반복될 때, 특히 과도하게 될 때, 싫증이 나게 마련입니다. 그 즐거움을 누릴 수 있는 능력은 지나친 반복으로 인하여 점차로 줄어들게 되며, 더욱 심하게 탐닉할 때에는 역겨움과 혐오감을 낳습니다. 그렇습니다. 나의 젊은 친구들이여! 서둘러서 삶의 즐거움을 맛보려는 자는 '행복을 광란의 사치스러움으로 전개'시킬 수가 있으며, 한동안 가장 부러울 만한 행복을 맛볼 수도 있을 것입니다. 그러나 그는 이어지는 그의 세월 동안에 자신을 기쁘게 할 즐거움의 재원을 과도하게 끌어다 쓰고 있는 것이며, 자신의 유쾌함을 영구하게 하는 데에 필요한 '근본적인 활력을 소진'하고 있는 것입니다. 그리고 얼마 지나지 않아 기대할 수 있는 것이라고는 그저 삶에 대한 권태로움, 싫증, 피로함 뿐일 것입니다.

그러한 행로가 종종 이처럼 우울한 효과들을 낳고 자살로 끝맺음한다는 것은 너무나 잘 입증되어 논란의 여지가 없습니다. 저명한 한 의학 저술가[4]는, 세련된 메너와 안락한 형편을 가진 한 신사분이 어느 날 "아침에는 승마를, 오후에는 따뜻한 응접실에 앉아 카드놀이를 하는 것이, 제 인생이 전부입니다"라고 말하고서는, 그와 같은 인생은 모든 매력을 잃어버린 것이었다는 사실을 입증해주듯이 얼마 후에 총으로 자살해버리고 말았다는 이야기를 전해줍니다. 연간 자살자들에 대한 기록에는 의심의 여지가 없이, 비슷한 종류의 많은 다른 사례들이 기록되어 있습니다. 젊어서부터 범죄와 다름없을 정도로 비이성적인 무절제함으로 인하여 그들 자신의 즐거움의 원천을 모두 소진해 버리고, 삶의 모든 흥미를 잃어버린 불쌍하고 가련한 존재들은, 드물지 않게 그들의 그 광포한 생애의 이력을 이와 같은 비자연적인 범죄로 끝내버리곤 합니다.[5] 그들의 그 역겨운 우

4　다윈(Erasmus Darwin)의 『주노미아(Zoonomia)』 2권 3장 1절, 2절을 참조하라. 거기서 독자들은 주목할만한 자살 사례들을 볼 수 있을 것이다.

5　"필립 경은 젊고 진중하며, 용감한 영국인이었다. 그는 엄청난 재산을 가지고 있었고, 그 부에 상응하는 총애를 그가 섬기는 왕으로부터 받고 있었다. 인생은 그 앞에 온갖 보화들을 펼쳐 보였고, 미래의 오랜 행복을 약속했다. 그는 본격적인 인생에 들어서서 그런 즐거움을 맛보았으나, 이내 역겨워했다. 심지어 그 시작에서부터 말이다. 그는 사는 것에 대한 반감을 빈번하게 드러냈으며, 똑같은 삶을 반복하는 것에 지쳐버렸다. 그는 모든 즐거운 일들을 다 시도해 보았으나, 반복할수록 점차 그 즐거움이 덜함을 발견할 뿐이었다. 그는 자신에게 외쳤다. '젊은 날의 삶이 이처럼 끔찍하다면, 노년에 이르러서는 어떠할 것인가? 만일에 현재가 이와 같다면, 분명히 앞으로는 더욱더 끔찍할 것이 틀림없다.' 이러한 사고가 그의 모든 감상들을 쓰리게 했다. 그리고 그는 마침내, 왜곡된 이성을 가지고서, 차분하게 권총

상들이 그들을 위한 피난처가 되지 못할 때, 그들은 그들 자신의 마음이 짊어진 무게에 눌려 무너져버리고 말 것입니다.

온갖 종류의 감각적인 쾌락 외에는 어떠한 쾌락에도 흥미가 없이 자란 사람, 계속되는 유흥과 현악 소리, 그리고 음탕한 모임 및 축제와 잔치에서의 호화스러운 사치 외에는 어떠한 행복도 발견하지 못하는 사람, 자신이 즐길 수 있는 모든 즐거움들을 끝없이 반복하고서는, 그 자신을 흥미롭게 하거나 만족하게 하는 그 어떤 새로움도 발견하지 못하게 된 사람의 앞날이 얼마나 비참하며, 그 위험이 얼마나 극심한 것이겠습니까? 그런 사람이 "내 영혼이 살기에 곤비하니"라는 말을 몇 번이라도 토해낼 준비가 되어 있다는 것은 별로 놀라운 일이 아닙니다. 또한, "자기의 삶의 분량을 마치기도 훨씬 이전에 기쁨의 순환 고리들을 이미 다 채워버린 채, 그 남은 날 동안에 우울한 불만 가운데서 가련하게 주저앉아 있거나 절망 가운데서 성급하게 스스로의 짧은 인생을 끝내버리는 것"역시도 별로 놀라운 일이 아닐 것입니다.

3. **'절제되지 않은 음주 습관'**은 자주, 삶에 대한 피로, 절망, 그리

으로 그 논쟁을 끝마쳤다."올리버 골드스미스(Oliver Goldsmith)의 『시민의 세계 (Citizen of the World)』 중 72번째 서신 가운데서.

고 마침내는 자살로 이어지게 합니다.

일반적인 담론의 범위 내에서 이 해로운 탐닉으로부터 발생하는 모든 해악들을 일일이 추적하고 열거하는 것은 아마 불가능할 것입니다. 술이 가진 힘에 스스로 굴복해버린 사람들의 몸, 정신, 재산, 명성, 그리고 모든 안락함에 가해지는 파괴적인 영향들은 인류 역사에 가장 우울한 장(chapters)을 형성합니다. 그러나 [술에 대한] 무절제가 일으키는 수 없이 많은 해악을 나열함에 있어서, 우리는 의심의 여지가 없이 자살을 가장 두드러지고 끔찍한 것으로 간주할 수 있습니다. 나는 지금 이 죄가 '간접적으로' 삶을 파괴하고 신체 건강을 해치며, 권태감 및 장기 폐색, 정신착란, 가장 혐오스럽고 괴로운 질병들, 전체적인 [장기] 시스템의 손상을 가져오며, 그리고는 마침내 죽음을 가져오는 경향이 있다고 말하는 것이 아닙니다.[6] 술을 거나하게 한 모금 들이키는 행동이 제공하는, '때 이른 무덤(untimely grave)'으로 점차 내려가고 있는 우리 주변의 수많은 사람들의 창백한 얼굴들과 수척해진 모습들, 떨리는 손길들, 그리고 비

---

6 러쉬(Benjamin Rush, 1746-1813) 교수는 미국에서 매해 최소한 4천 명 이상의 사람들이 독한 증류주를 과음하는 것으로 말미암아 사망한다고 추산한다. 그가 저술한 흥미롭고 유익한 『인간의 몸과 정신에 대하여 독한 증류주가 끼치는 영향에 대한 연구(An inquiry into the effects of ardent spirits upon the human body and mind: with an account of the means of preventing, and of the remedies for curing them, 1791)』4판의 38쪽을 보라.

틀거리는 걸음걸이가 분명하게 보여주는 유독한 영향들에 대하여 말하는 것도 아닙니다. 나는 인간의 타락과 부패함에 관련된 이런 것들에 대해서 곱씹기를 삼가며, 하나님께서 현재 내 말을 듣고 있는 사람들 가운데 누구도 그러한 것들을 개인적인 체험으로 알게 되지 않도록 해주기를 바랄 뿐입니다.

나는 다만, 무절제한 [음주] 습관이 [그것을 마시는 사람의] 정신을 그토록 왜곡하고 무질서하게 만들며, [그의] 모든 앞날을 매우 흐리게 만들고, 육체적인 감각들을 괴롭게 하는 것에 대하여, 혹은 그 비참한 사람들을 우울감과 절망감에 빠뜨려서 [자신의] 고통의 짐으로부터의 피난처를 자발적인 죽음으로부터 찾도록 유혹하는 사례들에 대해 말하고자 합니다. 이러한 종류의 사례들은 드물지 않습니다. 제가 지금 드물지 않다고 말했습니까? [그것은] 자살 사례의 상당수가 오히려 이러한 종류의 무절제와 직접적으로, 혹은 간접적으로 연관되어 있을 가능성이 크기 때문입니다.

술에 취하는 습관이 사람들을 이러한 재앙으로 이끄는 과정은 직접적이고도 자연스러운 것입니다. 이러한 습관들은 지성을 쇠약하게 만들고 도덕적 능력들을 왜곡하는 한편, 온갖 격정들에 불을 지피며, 모든 부패한 경향들에 대해 새로운 힘을 더합니다. 그리하여 자기 통제력을 약화시키는 한편, 욕구(appetite)들을 부추기며 감정들을 격동하게 해서 평상시보다도 월등한 자기 절제가 필요하게 만듭니다. 또한, 신경계에 혼란을 주고, 다수의 병적인 감각들을 불러일으키며, 권태감, 자기혐오, 광기[7]를 낳기까지 합니다. 그리고 이러한 것들로부터 삶에 대한 피로감, 절망, 그리고 자살로 이어지는 삶의 전환은 참으로 짧고도 신속한 것입니다.

그렇다면 모든 술에 취하는 사람들이 이 범죄에 빠질 위험이 있음을 알 수가 있을 것입니다. 그가 맨 정신으로 스스로를 돌아보며 생각할 때에는 그와 같은 일이 불가능하다고 생각할지도 모르겠습니다. 그의 모든 본성적인 감정과 그의 마음의 모든 원리들은 그런 일을 매우 강하게 거부할지 모릅니다. 그러나 [술의] 파괴적인 자극과 그 힘에 지배될 때, 그리고 이성이 축출될 때, 모든 욕구가 잔인한 맹렬함으로 흔들릴 때, 모든 고통스러운 감각들, 자책들, 그리고 우울한 전망들이 삶을 짐스럽게 만들 때, 그와 같은 절망의 시기들(periods of degradation) 가운데서 그는 벼랑 끝에 서 있는 것과 다름이 없게 됩니다. 그 누구도 그가 그처럼 악한 시간 속에서 절망과 함께 그곳으로 몸을 내던져버리지 않을 것이라고 장담할 수가 없는 것입니다.

---

7 "고인이 된 워터스 박사는, 그가 펜실베니아 병원에서 수련의이자 약사로서 재직할 당시에, 나에게 환자들 중 1/3이 독한 증류주에 의해 유발된 이 끔찍한 질병(정신착란)에 의해 감금되었다고 분명하게 말했다."같은 책 12쪽을 보라.

4. [사람을 자살의] 범죄로 이끄는 또 다른 습관은 **'도박'**입니다.

술 취함으로 인한 것들과 마찬가지로, 도박에서 발생하는 해악들은 [이루 헤아릴 수 없을 정도로] 너무나 많고, 그것을 생각할 때에 두려워하지 않을 수 없을 정도로 너무나 참혹합니다. 이 죄악이 가져다주는 수많은 위험들 가운데서 [우리가 결코 사소하게 여길 수 없는] 것은, 이것이 다른 어떤 것들보다도 더욱더, 충분하게 유혹적이며 매혹적이라는 점입니다. 대부분의 다른 범죄들은 그 죄가 너무나 분명해서 부인할 수가 없고, 그것에 대한 [사람들의] 반감이 너무나도 노골적이어서 부끄러움 없이 마주할 수가 없습니다. 그러나 도박은 겉으로 보기에, 정직한 인격을 [지향하는] 많은 사람의 습관과 조화를 이루는 단정함과 공평함(decorum and fairness)이 있는 것처럼 보입니다. 또한, 가장 강인한 정신의 소유자들마저 압도하는 마법 같은 매력과 함께, 그 희생양이 완전히 굴복하게 되고, 그에 대한 파괴가 확정될 때까지 멈추지 않는 영향력을 가지고서, 그에게 서서히 다가갑니다.

도박은 그것이 우리 마음을 사로잡고 점차로 습관이 되는 경우에는, 비참한 노예를 영영히 지배하고 마는 가장 무자비하고도 잔혹한 폭군 가운데 하나입니다. (이것에 조금이라도 빠져버린 사람이라면 누구나, 자신이 이러한 위험에 직면했다는 것을 기억해야 합니다. 도박은 얼핏 눈부시게 빛나는 것 같지만 사실은 속이는 것일 뿐이며, 우리에게 아부하지만 우리를 짓밟을 뿐입니다. 그것은 우리의 마음을 꾀어내곤 하지만, 결국에는 파괴하는 것일 뿐입니다. 도박은 모든 덕스러운 원리들을 갉아먹으며 그 마음을 강퍅하게 하고, 한때 이중성과 사기를 혐오했던 사람조차도 완강한 악인으로 변모시키는 경향이 있습니다. 도박꾼은 수없이 많은 경쟁의 정욕들(contending passions)에 휘둘리게 됩니다. 주사위가 던져지거나, 카드를 뒤집을 때, 그는 희망과 두려움, 기쁨과 슬픔, 자신감과 절망 사이에서 가련한 놀잇감이 되어버리고 맙니다. 그는 그 바라는 바의 성취 여부가 결정되기까지, 고문보다도 더욱 고통스러운 긴장 속에 갇히게 됩니다. 그리고 그 바라던 바가 실패한 것으로써 발견되는 경우에, 그는 스스로를 나무라며 악의적인 격정들로 채워진 채로 사람들을 불쾌해하면서 크게 당황해하거나, 아니면 삶에 대한 염증을 느끼고서 분노하며 절망에 빠지게 될 것입니다.

[이 말의 진실성에 대하여 혹시라도 의심이 가십니까?] 그렇다면 나로 하여금 여러분을 도박장으로 데려가 그곳에서 벌어지는 일들이 어떠한지 보여주게 하십시오. 이 어둠의 행위에 [스스로를 투신한 자들이] 모인 그곳에 들어가서, 그곳의 가련한 거주자들임을 표시해주는 [그들의] 움푹 파인 눈, 창백한 안색, 초췌한 몰골을 목도하여 보십시오. 그 비참한 집단의 얼굴에 번갈아가며 나타나는 긴

장, 불안, 두려움, 분노, 공포, 절망을 말입니다. 사방에서 터져 나오는 언쟁, 서로를 향한 힐난, [헛된] 맹세, 저주, 비난들을 들어보십시오. 재산을 탕진하고 수치심에 휩싸이며 후회에 시달리는 가운데서, 어디로부터도 위안을 찾을 수가 없고, 친구들의 꾸지람과 양심의 질책, 세상의 경멸, 파탄이 나버린 가족들의 눈물을 마주할 수 없게 되어, 더 이상은 축복으로 간주할 수 없을 그 삶으로부터 자신을 자유롭게 해줄 파괴의 도구를 향해 달려가는 또 하나의 약탈의 희생자가 계속해서 이어지는 것을 바라보시기를 바랍니다.[8]
이것이 과연 과장된 말일까요? 청중 여러분, 그렇지를 않습니다. 이

---

8 다음 일화는 1년 전에 발행된 한 소책자에서 발췌한 것이다. "충분한 재산과 건강, 서로 간의 사랑과 마음의 평화로 복된 인생을 살던 한 신사와 그 아내가 있었다. 그들에게는 사랑스럽고 전도유망한 두 자녀가 있었고, 그들을 둘러싼 여러 편의들을 아주 만족스럽게 즐기는 듯 보였다. 1765년의 여름이 거의 끝나갈 무렵, 그 신사는 우연히 몇몇 이웃 친구들과 어울리게 되었고, 그들은 그에게 한 시간 정도 카드놀이를 하자고 제안했다. 그는 게임에 대한 사랑보다는 예의상 그들과 함께하기로 했다. 다른 도박꾼들처럼 그 역시 여러 행운을 겪었고, 술에 취해 있던 그는 무리가 헤어지기 직전에, 그만 부주의하게도 그의 자산이 감당할 수 있는 수준을 넘어서서 깊이 빠져들게 되었다. 다음날, 정신을 차린 그는, 그의 어리석음이 사랑하는 아내와 아이들에게 안겨준 곤경에 대한 생각을 참을 수 없었고, 아내에게 무슨 일이 일어났는지 알릴 용기를 내지도 못했다. 이제까지 한 번도 겪어보지 못한 낯선 고통에 시달리던 그는, 전날 밤 어울렸던 이들 가운데 한 사람으로부터 초대를 받았고 그의 운을 한 번 더 시험해보라는 유혹을 받았다. 잠시 생각에 잠겼던 그는, 그의 손실을 만회해 보려는 희망에 운명의 장소로 달려갔으나, 그가 가진 모든 것을 다 잃기까지 떠나지 않았다. 그 결과, 다음날 그는 형언할 수 없는 절망 속에서, 무슨 일이 있었는지 그의 아내에게 알리는 편지를 쓴 후, 스스로 총을 쐈다. 이 소식에 부인은 정신을 잃었고, 정신병원에 (적어도 최근까지) 갇히게 되었다. 그녀의 두 자녀는 구걸하는 신세에 친구도 없이 세상에 내던져지게 되었다."

71

것은 진실하고도 냉정하게 묘사된 현실로서, 우리의 도시 안에서 전체적으로든, 부분적으로든 매일같이 벌어지는 장면입니다. (원하건대, 우리가 때때로라도 방금 묘사된 것과 같은 비참한 결말을 목도하고 개탄하도록 부름 받지 않기를!) 그리고 동일한 장면이 인구가 많은 다른 곳들에서도 펼쳐집니다. 우리는, 고도로 문명화된 다른 어떤 도시들보다도 자살 사건의 수가 많은 파리의 도심에서[9] 그러한 경우의 대부분이 도박판에서 불행하고 절망적이게 된 사람들에 의해 벌어지는 일이라는 것을 듣습니다. 세계 곳곳에서 그리고 거의 모든 사회 계층에서, [자살이라고 하는] 이 파괴자는 그 자신의 희생자들을 내걸고 자랑합니다.

---

[9] 메르시에(Louis-Sébastien Mercier, 1740-1814)는, 그가 1782년에 쓴 『파리의 풍경(Tableau de Paris)』에서, 파리에서 일 년에 자살하는 수가 약 150건에 이른다고 말한다. 그러나 그때로부터 그 수가 훨씬 크게 증가했을 것이라 믿을만한 근거가 있다. 1787년 런던에서의 연간 평균 자살 건수는 약 32건이었으나, 이 역시도 아마 현재는 실제보다 훨씬 더 적은 수일 것이다. (약 8만 명이 거주하는) 에딘버러에서의 평균 자살 건수는 4건이다. (약 2만 5천 명이 거주하는) 제네바에서는 8건이다. 『백과사전(Encyclopedia)』 중 '자살'에 대한 항목을 보라. 그 항목의 저자는 다음과 같이 말한다: "런던에 대한 우리의 설명은 매우 불완전하다. 그러나 우리는 자살이 하층민보다 부유한 계층에서 훨씬 일반적이며, 이는 보통 도박과 방탕함의 결과라고 충분히 결론 내릴 수 있다."런던의 경찰제도에 관한 저명한 작가인 콜크혼(Patrick Colquhoun, 1745-1820)은 그 도시에 거주하던 그의 친구와 몇 년 전 대화하는 중에, 그가 얼마 전 알게 된 어떤 특정한 도박장에 대해 언급하면서 다음과 같이 말했다: "그 도박장은, 계속 유지만 된다면, 아마도 매년 최소한 4~5건의 자살 사건을 일으킬 것으로 보입니다."

형제자매 여러분, 그렇습니다. 도박은 매혹적이지만 참으로 불명예
스러운 악덕입니다. 반복하여 말씀드립니다만, 도박은 수많은 사
람들의 재산과 정직, 평화, 그리고 목숨을 야금야금 파괴하는, 참
으로 매혹적이면서도 불명예스러운 악덕입니다. 이것은 누구라도
한번 발을 들이면 거기에서 안전하게 빠져나오는 것을 장담할 수
가 없으며, 따라서 파멸을 피하고자 하는 사람이라면 누구나 두려
운 발걸음으로 [조속히] 벗어나야만 하는 악덕이라 할 수 있습니다.
[사실이 이와 같다면], 인류의 행복을 지지하는 사람은 우리 도시에
서 이러한 악이 뚜렷하게 퍼져나가는 것에 대해 어떠한 비통의 심
정으로 바라보아야 하겠습니까?[10] 그 광경을 바라보는 것만으로도
가장 용감한 사람의 마음조차 섬뜩하게 만들기에 충분합니다! 교
회와 이 국가의 희망인 우리의 젊은 청년들이 그들의 시간과 건강,
원칙들, 그리고 생명을 한꺼번에 낭비하면서까지 도박꾼으로 자라
가고 있습니다. 나이 든 사람들 역시, 그들의 하얗게 희어진 머리를

---

10 뉴욕 시내 도박 건수가 급증하고 있다는 것은 의심의 여지가 없는 사실이며, 이것
은 시민 행정관들의 모든 권한 행사뿐만 아니라, 도덕주의자들과 그리스도인들의
고언도 매우 뚜렷하게 요청합니다. 이 도시를 가득 메우고 밤낮 손님들로 붐비는
모든 공공 도박장들에 더하여, 상당한 기간 동안에 사적인 도박 모임들('이스라엘
의 어머니들'이어야 할 이들 중 일부가 이곳에 자주 보인다고 한다.)의 수가 엄청나
서, 극장을 유지하는 데 필요한 최소한의 후원들마저도 빼앗아 갈 정도였다고 한
다. 만약 사탄이 사탄을 쫓아낸다면 그의 왕국은 어떻게 설 수 있겠는가? 하나님께
서 이 두 거대한 사회 골칫거리들 사이의 갈등이 양쪽 모두에게 파괴적인 결과를
가져오게 하시기를!

장식해야 할 덕스러운 품위를 내어버린 채, 동일한 범죄적 모임에 드나들며, 그 자신들의 예로써 유행처럼 번지는 그 부패함에 동조하고 있습니다. 더욱이 사회의 높은 자리를 열망하는 몇몇 여성들은, 조직적이고도 열정적인 노력으로 자기들의 시간 대부분을 도박에 쓰는 것이 드러나도 부끄러워할 줄을 모르며, 그들의 딸들을 이러한 "불법의 비밀"(살후2:7)에 공식적으로 입문시키기까지 하고 있습니다. 죄악된 부모들이여! 그대들은 그대들과 그대들의 자식들을 위하여 불행과 눈물을 쌓아두고 있습니다! 불행한 자녀들이여! 여러분의 부모들이 본보기가 된 이 전염병에서 도망치십시오! 그렇지 않으면 그대들은 결국 파멸해버리고 말 것입니다!

5. 자살은 흔히 '도가 지나친 사랑에 빠짐으로써' 발생합니다.

이것을 설명함에 있어서, 결혼 가운데서의 사랑이 인류에게 있어서 풍성하고 폭넓은 혜택의 원천이라는 것을 전제하는 것은 불필요합니다. 우리의 지극히 지혜로우신 창조주에 의하여 사회의 위대한 유대로서 제정된 [결혼제도는, 태초의 상태로부터] 변질되어버린 이 세상에 셀 수 없는 축복들을 제공합니다. 이것은 우선, 가정의 화합, 평화, 그리고 행복의 토대를 마련해 줍니다. 또한, 가장 애정어린 관계들을 만들어내며, 가장 순수한 애정들을 불러일으키고, 그것이 주는 안락함에 참여하는 이들을 가장 강력하고도 가장 신이

나는 종류의 끈으로써 삶과 공동체에 결속시킵니다. 이것은 가장 고귀한 덕성들을 소중하게 여김으로써 각 개인의 품성을 고양시키고, 우리 자신을 넘어서 우리의 흥미, 관심사, 소망들을 배가시킴으로써 우리의 즐거움과 유익함을 단번에 확장시킵니다. 결혼이 어떻게 마음을 부드럽게 하고 사회적 애정(social affection)을 일구어 내며, 인류애(humanity), 동정심, 친절함을 장려할뿐만 아니라, 사회를 통합하고 조화시키는지, 책 한권으로 설명하기에는 부족합니다.

하지만, 하나님의 법에 복종할 때에 그와 같이 온화한 효력들을 가지고 있는 [사랑의] 열정은, 사람의 부패하고 변덕스러운 의지에 굴복하는 순간, 셀 수 없이 많고 그 범위에 있어서도 헤아릴 수 없는 악을 이 사회에 쏟아 붓습니다. 방탕한 자들(the gay, 역자 주: 'gay'라는 단어는 대략 20세기에 들어서면서부터 동성애자들을 가리키기 시작했다), 경솔한 자들, 음란한 사람들에 의해 '도가 지나친 사랑(criminal love)에 대한 탐닉'이 얼마나 가볍게 여겨지든 간에, 그보다 더욱 확실하고 불가피하게 막대한 규모의 부패와 비참함을 불러일으키는 종류의 죄는 거의 없습니다. 그것은 모든 도덕적 품성을 부패하게 만들고, 상상력을 오염시키며, 마음을 완악하게 만들어버립니다. 그리고 또한, 이중성, 이기적인 마음, 거짓말, 비열함, 폭력적인 욕구를 길러내며, 영속적인 질병을 발생시키고 가정의 평화를 파괴해버립니다. 이뿐만 아니라 사회 체계를 그르치고 흔들어버리며, [그것에 관계된 자들의] 명예를 실추시키고, 세상에서의 [그들의 삶의] 환경을 곤란하게 만듭니다. 그리고서 그 후손들에게 오명과 비참함을 안겨주고, 다수의 사람들을 '때 이른 무덤(untimely grave)'으로 인도합니다. 그 도가 지나친 사랑에 대한 탐닉으로 인해, 얼마나 많은 부모와 부부간의 감정들이 훼손되었는지, 얼마나 많은 전도유망한 미래들이 망가졌는지, 얼마나 많은 양심이 파선했는지, 한때 덕과 평화의 좌소였던 보금자리들이 얼마나 끔찍스럽게 수치와 후회, 절망의 거처가 되어버렸는지 모릅니다. 그러나 사람의 마음의 중심을 아시는 위대한 감찰자시여! [오직] 당신께서는 아십니다.

이러한 해악들은 특별히 여성들(the tender sex)에게 있어서 더욱 큰 고통을 얹어줍니다. 부도덕한 유혹자(역자 주: 남자를 말함) 스스로가 자기의 죄로 인해 불명예와 고통을 겪으며, 때로는 가장 심각한 수준의 불명예와 비통함에 빠지기도 한다는 것은 분명한 사실입니다. 하지만 [이러한 결과]는 빈번하게 그 유혹자의 술수에 터무니없게 굴복한 여성의 몫으로 돌아가곤 합니다. 만일에 우리가 그와 같이 통제되지 않은 열정의 희생양이 된 비참한 여성들의 역사를 추적해 볼 수 있다면, 얼마나 우울한 일련의 광경들이 우리의 눈앞에 스치스럽게 펼쳐지게 되는지요! 우리는 몇몇 사람들이 [자기에게] 다가오는 불명예를 예상하고 슬픔과 낙심의 소요(tumult) 속에서 그들 자신의 생명을 파괴해버리거나, 혹은 매춘, 질병, 가난, 버려짐, 그리고 더욱 복합적인 비참함을 연달아 겪으면서, 끝내는 말로 표현할 수 없을 만큼 비참하고 끔찍한 결말에 도달하게 되는 것을 보게 될 것입니다. 또한, 천진난만한 사람들만을 속이며 부패시키고, 의심할 줄 모르는 많은 희생자들을, 악과 파멸의 심연으로 끌어들이는 삼류의 삶 역시 보게 될 것입니다.

도가 지나친 이러한 열정의 지배에 자기 자신을 내맡기는 남성이 있습니까? 그렇다면, 그는 일주일 내로 회한과 자기혐오로 인해 삶으로부터 달아나려고 하는 비참하고 죽을 수 밖에 없는 자들 가운데 한 사람이 될 것이 틀림없습니다. 혹, 유혹하는 자의 속삭이는 말에 귀를 기울이거나, 그 시험에 타협하거나, 교활한 사기꾼에게 굴복하는 여성이 있습니까? 그렇다면, 그녀는 자신의 모든 결심과는 반대로, 고도로 뻔뻔한 음란함과 자살의 공포로 그녀의 생을 마감하게 되기까지 죄의 길 위에서 빠르게 내달리게 될 것이 분명합니다.

6. 남자들은 종종 '게으른 습관으로 인해' 삶에 대한 권태와 자살로 내몰리게 됩니다.

사람의 몸과 마음은, 활기와 온전한 안락함을 유지하기 위해 습관적인(habitual) 어떠한 행위가 요구됩니다. 활동성은 건강, 생기, 즐거움의 어머니(parent)입니다. 우리의 모든 능력들을 억누르지 않고 활용하는 그러한 균일한 근면함은 전인(Whole person)에 걸쳐서 좋은 영향을 끼칩니다. 그것은 정신을 깨어있게 하고, 평화롭게 하며 쾌활하게 유지하도록 하는 경향이 있으며, 생물학적 감정에 활기차고 건강한 감각에 의한 모든 만족들을 부여합니다. [뿐만 아니라] 공허하고 불규칙적인 수많은 유리함(wandering)으로부터 [우리의] 기분을 보호해주고, 신체적, 지적, 도덕적 안녕에 동시적으로 기여합니다.

반대로, 게으름은 수많은 악덕들의 어머니이며, 정신에 스는 녹이자 병폐로 불려왔습니다. 게으름의 자연스럽고 일반적인 결과이자, 때로는 가장 우울한 효과를 낳는 궁핍과 빈곤에 대해서는 말할 나위도 없으며, [그 외에도 게으름은] 다수의 더욱 극단적이고 놀라운 악들을 일으킵니다. 더디지만 치명적인 어떤 독과 같이, 이것은 사람의 모든 능력들을 집어 삼켜버립니다. [즉, 우리의] 이해력을 약화시키고 마비시키며, 기억력을 둔하게 만들 뿐만 아니라, 상상력을 흐리고 어둡게 하며, 범죄적인 욕망이 정신에 유입되도록 하고, 유혹을 불러들이며, 수많은 우리의 즐거움이 자리하는 건강하고 유쾌한 감각의 상태를 손상시키고 점차로 파괴해버립니다. 이것은 맥없는 감정들, 무기력, 우울증적인 기분들과 종종 그 대상을 사슬에 묶인 노예보다도 더욱 비참하게 만드는 육체적, 정신적 고통의 합병증을 초래하곤 합니다.

게으른 사람에게는 어떤 것도, 본래의 흥미를 갖지 못합니다. 시간은 남아돌며, 그는 그 자신을 어떻게 해야 할지를 알지 못합니다. 모든 것이 따분하며 지루할 뿐입니다. 아주 사소한 방해거리라도 그의 의욕을 꺾기에는 충분하고, 약간의 위협조차도 그를 불안하고 낙심하게 만들며, 우울과 깊은 상념이 거기에 뒤따릅니다. 그는 위안을 얻기 위하여 알콜이 가득한 맥주에 몸을 맡기지만, 그것은 예상했던 위안을 가져다주는 대신에 모든 고통을 더욱 악화시킬 뿐이고, 그의 비참함의 무게를 가중시킵니다. 이러한 상황 속에서, 수많은 사람들이 [자신의] 존재를 저주거리로 생각했으며, 그들 가운데 몇몇이 비참함의 무게를 견디지 못해서 스스로 자신의 생명을 끝내 버리고 말았다는 것이 어디 놀라운 일이겠습니까? 아니, 오히려 그와 같은 품위 없는(ignoble) 행보의 말로가 더욱 빈번하게 일어나지 않는 것이 놀라울 따름입니다.

그러므로 게으름이 습성이 된 사람은 언제나 죄에 빠질 위험에 어느 정도로 노출되어 있다는 것을 기억해두시기 바랍니다. 그러한 습성들은 결국에는 불만들을 키우고, 그들을 모든 정신적 부식의 먹잇감으로 만들어려리고 말며, 삶을 지루한 여정으로 바꾸어 버리기 좋습니다. 반면에, 우리의 시간을 몇몇 유용하고 흥미로운 취

미들에 지속적으로 사용하는 것은 덕성을 보호하기 위한 최고의 방법 가운데 하나일 뿐만 아니라, 신앙 다음으로 행복의 가장 확실한 원천이 되어주며, 건강과 생명에 대한 최선의 방책이기도 합니다. 그러므로 어느 한 고명한 작가는 다음과 같이 말했습니다. "만약 나에게 의기소침함과 무기력을 예방하는 데에 주로 어떠한 상황들이 중요한지 묻는다면, 고대의 연설가가 [자기가 말하는바 그 내용들] 가운데 주요 원리들을 강조하는 방식을 빌려서 다음과 같이 대답하고자 한다. '활동하라(employment), 활동하라, 활동하라.' 이것이 삶에 대한 피로감과 실제의 것들보다 더욱 견디기 어려울 모든 일련의 가공할만한 악행들에 대한 위대한 치료제이다."[11]

7. 종종 자살로 끝맺음 되는 불만족과 폭력적인 열정의 또 다른 원천은, **'이 세상에 관련한 극단적인 열망들과 목표들을 품는 것'**입니다.

이 세상에 대한 과도한 사랑은 셀 수 없이 많고 무한한 악들을 산출해 냅니다. 다른 죄들은 [모든 불경건의] 몸과 그 지체들[에 지나지 않지만], 이것은 올바르게도 [그러한 불경건]의 생명과 영혼이라 여

---

11 아이킨(John Aikin, 1747-1822) 박사가 저술 한 『아들에게로 보내는 편지(Letters to a Son)』 제1권, 18번째 편지 중에서.

겨져 왔습니다. 도가 지나친 이 애착, 이 저열한 우상숭배는 모든 의무와 충돌하며, 거의 모든 해악의 풍부한 원천입니다. 이것은 그저 하나님과 하늘의 보화들에 대한 애정으로부터 단순히 멀어지게 할 뿐만 아니라, 추악한 욕망으로 마음을 오염시키고, 불만과 불안, 그리고 당혹스러운 두려움들로 정신을 가득 채우며, 불명예스러운 이득을 위한 모든 술수들을 부추깁니다. 그리고 이 슬픔의 세상에서는 그저 심상한 일로 여겨질 뿐인 상실과 실망이 뒤따를 때, [그것이 내걸었던] 약속들에 속아 넘어간 사람들은 "사망을 이루는"(고후7:10) 절망적인 근심에 빠지게 될 것입니다.

형제들이여, 그렇습니다. 대담하고 사치스러운 투기, 일반적인 방식으로 이득을 얻는 과정을 인내심 있게 기다리지 못하는 조급한 태도, 서둘러서 부자가 되고자 하는 섣부른 마음, 부에 대한 과시와 사치스러운 생활에 대한 비정상적인 애착, 거래할 때에 무분별하고 보장되지 않은 모험을 즐기는 성향(즉, 투기), 사회에서 가장 부유하고 자리를 잘 잡은 자들과 경쟁하려고 하는 사회 초년생들의 한심하기 짝이 없는 허세, 사업을 하는데 있어서 모든 간결하고 균형 잡히며 분별력 있는 금언들에 대한 무시와 결합된, 이 나라와 이 시대의 특징이라고 할 수 있는 부와 화려한 삶에 대한 만족할 줄 모르는 갈망, 이 모든 것들은 모든 선한 사람들이 한숨을 쉬고 애통하게 하는 악들입니다. 이러한 악에 많은 이들의 재산이 파괴되어버리고 양심은 파선되며, 개인 및 가정의 평안이 깨어지게 되는 일들과 더불어서 종종 사람들을 절망에 빠뜨리고 그들을 스스로의 처형자로 만들어버리는 그 모든 비참함들이 연관되어 있다는 것을 깨닫는 것은 별다른 분별력을 요구하지도 않는 것일 뿐입니다.

성령의 영감으로 사도는 다음과 같이 말했습니다. "돈을 사랑함이 일만 악의 뿌리가 되나니 이것을 탐내는 자들은 미혹을 받아 믿음에서 떠나 많은 근심으로써 자기를 찔렀도다."(딤전6:10) 왜냐하면, "부하려 하는 자들"은 "사람으로 파멸과 멸망에 빠지게"하는 "시험과 올무와 여러 가지 어리석고 해로운 욕심에 떨어지기"(딤전6:9) 때문이라고 말입니다.

가룟 유다로 하여금, 이후로 후회가 가득하게 하고 스스로 자기 생명의 파괴자가 되도록 몰아붙였던 그 뒤엉킨 비열함의 행위를 저지르게 만든 것은, 다름 아닌 "돈에 대한 사랑"이었습니다. 모든 시대에 걸쳐서, 많은 사람들을 상실과 파산으로 빠지게 하며, 그러한 탐욕에 대한 당연한 응보가 그들에게 엄습할 때 "헛되다(there is no hope. 사57:10, 렘2:25)"라고 외치도록 하는 것 역시, 바로 그 추잡한 사랑(돈에 대한 사랑)입니다. 불행한 자가 얼마나 큰 실망에 시달리는지, 얼마나 큰 상실에 짓눌리는지, 그의 삶의 환경이 우울하게 비칠 때 그가 얼마나 쉽게 절망에 빠지게 되는지 생각해 보십시오! 아아!

행복하지 못한 사람이여! 그는 세상을 너무도 사랑했던 것입니다. 그렇지 않았다면 그 소유가 그렇게 날아가 버렸다고 해서 그토록 깊게 충격을 받지는 않았을 것입니다. 그의 마음은 일찍이 얻은 재물들에 너무나 얽매여 있었습니다! 그렇지 않았다면 그것들이 일시적으로 상실되었다고 해서 그토록 불안에 떨거나 낙담하지는 않았을 것입니다. 부유함이 그의 우상이었습니다! 그렇지 않았다면, 부유함이 강탈되었다고 하더라도 그는 "내 신들을 앗아 갔으니, 내게 남은 것이 무엇인가?"라고 말하지는 않았을 것입니다.

그러나 만일에 세상적인 소유물들에 대한 무절제한 열망들이 그토록 위험하다면, 명성을 숭배하고 사람들로부터의 인정과 권력을 끝없이 추구하는, 그러한 비정상적이고 터무니가 없는 야망도 인간의 행복과 생명에 대하여 마찬가지로 위험한 것입니다. 이러한 야망이 어떤 사람의 정신을 채우고 지배할 때, 불행은 그를 절망으로 내몰 것이고, 그의 계획의 실패가 그로 하여금 더 이상 견디지 못하게 할 것이라고 예상해볼 수 있습니다. 그러한 사람에게는 [다른 사람들로부터] 잊혀져 가는 것이 고문이며, 패배는 곧 죽음과 같습니다. 높은 지위, 정복, 영광만이 삶을 가치있게 만드는 유일한 성취의 항목들이라고 생각하는 사람은 실망과 수치의 희생자가 될 가능성이 높습니다. 사울 왕의 정신에 그토록 막강한 불행함을 주었고, 패배와 불명예가 눈앞에 닥쳤을 때 그로 하여금 삶 대신에 죽음을 선택하게 했던 것은 다름 아니라 바로 이러한 착각이었습니다. 배신자 아히도벨(ahithophel)도, 같은 종류의 우상숭배의 노예였기에, 자신의 영향력과 중요성이 쇠퇴하는 것을 보자 더 이상 살아가지 않겠다고 결심했던 것입니다.

젊고 생각 없는 사람들에게 맹목적으로 찬사를 받는 이방 역사의 저명한 몇몇 인사들의 오류와 불명예스러운 결말 또한 바로 그런 것이었습니다. 카토(Marcus Porcius Cato, BC 234-BC 149), 브루투스(Marcus Junius Brutus, Quintus Servilius Caepio Brutus, BC 85- BC 42), 카시우스(Gaius Cassius Longinus, BC 85-BC 42), 한니발(Hannibal, BC 247-BC 183 or 181)과 같은 이들이 그들 자신의 생명을 스스로 파괴한 자가 된 것이 영웅적이었습니까? 그렇지 않습니다. 그것은 야망의 광기였으며, 하찮은 자존심이었습니다. 진정한 영웅주의는 그들로 하여금 더욱 고결하게 행동하도록 했을 것입니다. "카토의 자존심이 카이사르의 관대함에 굴복했더라면, 실제로 그의 죽음으로 인해 가속화되었던 그 나라의 노예제도를 그의 인격과 영향력이 어느 정도 지연시키는 데에 이바지했을 것입니다. 브루투스와 카시우스가, 불운한 일이 닥쳤을 경우에 스스로 목숨을 끊겠다 약속했던 극단적인 결의를 행동으로 이행하지 않았다면, 필리피 전투(Battle of Philippi, BC 42)는 전혀 다른 결과를 낳았을 것입니다. 한니발이 독을 삼키는 대신에 로마인들에게 항복했었다면, 그는 그들의 고문에 용감하게 맞섬으로써, 칸나이 전투(Battle of Cannae, BC 216)에서 그가 이겼을 때에 얻었던 영광보다도 더욱 큰 영광을 얻었을 것입니다."

8. 제가 언급하고자 하는 이 범죄의 마지막 원천은, '진정으로 살아 있는 경건의 결여'입니다.

앞에서는, 거짓된 도덕적, 종교적 원리들로 인해 발생하는 위험에 대하여 언급했습니다. 그러나 그것만이 유일한 위험은 아닙니다. 바른 의견들을 갖는 것이 도움이 되고 중요한 것이기는 합니다만, "불의로 진리를 막는"(롬1:18) 사람들이 수 없이 많이 있습니다. 기독교의 생명과 능력이 결여되어 있는 곳에서, 그 교리들을 그저 아름다운 사색들로서만 연구하고, 그것이 주는 위안들을 즐거운 이론으로만 여기는 곳에서, 삶의 시련들 속에서 [사람을] 힘 있게 하고, 위로하며, 활기를 불어 넣어주는 신적인 효력을 어느 누가 기대할 수 있겠습니까? 결코 발견될 수 없습니다.

종교를 그저 명목상 따르는 자는, 그가 가진 생각이 어떠하든지 간에, 위로가 없는 삶을 살게 될 것이고, 절망 속에서 죽어갈 것입니다. 이론적인 종교는 당신으로 하여금 당신의 신앙에 관하여 그럴 듯하게 대화하도록 해주거나, 끝없이 이어지는 논쟁에서 신뢰를 얻게 할 수 있겠지만, (들으라, 형식주의자들이여!) 고난과 슬픔의 날에, 지상에서의 안락함이 당신을 저버렸을 때, 낙심의 악령이 그 정신을 공격하고 그 눈을 온통 어둡게 할 때 그것이 무슨 소용이 있습니까? 그 날에, 시험에 맞설만한 무기가 단지 정통적 견해 외에는 없는 사람이라면 그 [시험의] 능력(its power) 아래 볼품없이 무너져버리고 말 것입니다.

그러므로 우리가 현재 언급하고 있는 이 범죄에 맞설 최상의 안전책은, 마음 가운데에 살아서 역사하는 '경건의 능력'(the power of godliness. 딤후3:5)입니다. 이 거룩한 영은 삶의 고통을 이겨내는 저 꿋꿋함을 우리에게 불어넣고, [하나님의] 거룩한 뜻에 기꺼이 따르는 순종을 품게 할 뿐만 아니라, 그것을 소유하고 있는 자들을 구세주와 연합시켜 그들을 그의 몸, 곧 교회의 지체들로 세우고, 그들이 "구원을 얻기 위하여 믿음으로 말미암아 하나님의 능력으로 보호하심"을 받을 것이라고 확실하게 약속(the firmest pledge)합니다. 고난 속에서 욥을 지탱했던 것도, 그로 하여금 자살에 대한 [그의 아내의] 제안을 매우 싫어하며 거절하게 한 것도 "경건의 모양"이 아닌, "그 능력"이었습니다. 옛 순교자들을 사람에 대한 두려움에서 건져내어 주었던 것도, 하나님을 거슬러 죄를 짓기보다는 차라리 모든 고문을 참아내도록 그들을 강하게 만들어 준 것도, 그들로 하여금 불길 속에서 기쁨으로 찬송하게 한 것은 바로 "경건의 모양"

이 아니라 "그 능력"이었습니다.

저는 지금껏 자살의 죄 됨과 어리석음을 보여주고, 그 악을 주요 원인들에 대해서까지 추적함으로써 [자살이라고 하는] 그 위험으로 이어질 수 있는 정서들과 습성들의 일부를 밝히고자 했습니다. 이제 남은 것은 모든 청중들, 특히 이 문제에 직접적으로 관련된 분들에게 지금껏 말씀드렸던 바를 깊이 고려해 보시라고 권하는 것뿐입니다.

부모들이여! 이 주제는 여러분들의 중대한 관심을 요구합니다. [인생이라고 하는] 이 눈물의 협곡을 지나가는 여행자들이 얼마나 많은 위험에 노출되는지 알고 계실 것입니다. 삶의 여정으로 들어가면서 이제 곧 그 모든 위험들에 맞닥뜨릴 당신들의 자녀들을 위하여, 여러분들의 염려와 열성이 얼마나 고조되고 고양되어야 하며, 부모로서의 애정에서 비롯되는 그 모든 애정 어린 근심들이 얼마나 동원되어야 하겠습니까! 여러분은 그들의 건강과 생명의 지킴이들입니다. 여러분은 그들의 도덕성을 형성시켜야 하고, 그들이 추구하는 바를 지도해주어야만 합니다. 여러분들은 이 세상에서의 그들의 행복에 대하여 책임이 있는 자들이며, 심지어 어느 정도는 오는 세상에서의 행복에 대해서도 책임이 있는 분들입니다. 그렇다고 한다면, 얼마나 끊임없는 관심을 가지고서 그들의 정신을 올바른 원리들로 채워 줘야 하겠습니까? 얼마나 거룩한 신실함을 가지고서 그들로 하여금 이 시대의 음탕한 견해들과 악한 친구들의 악영향 및 부절제와 게으름이라고 하는 파괴적인 습관들에 맞서도록 경계시켜야 하겠습니까? 얼마나 헌신적이고 부드러운 애정으로써 그들을 권면하고, 주의를 주며, 그들을 위해 기도하고, 규율과 모범을 가지고서 그들을 하나님에 대한 사랑과 경외, 또한 지식에 이르도록 애를 써야만 하겠습니까?

오, 부모들이여! 만일에 이러한 것들이 적절하게 고려된다면, 여러분의 자녀들을 대하는 방식에 있어서 얼마나 큰 혁신을 보게 되겠습니까! 우리는 분명 여러분들이 최근에 유행하는 교육의 그 경박함보다는 가정 내의 지도와 훈육에 더 주의를 기울이게 되고, 덕(德)이 부유함보다 우월하며, 거룩함이 이 세상에서의 위대함과 명예보다 더욱 무한한 가치가 있는 탁월함이라는 사실을 그들의 정신에 심어줄 모든 기회를 붙잡는 것을 보게 될 것입니다. 한마디로, 여러분들은 그들의 도덕적, 종교적 문화를 여러분들의 주된 관심사로 삼고, "하나님을 경외하고 그의 명령들을 지키는 것이 모든 사람의 본분"(전12:13)이며 행복이라는 사실을 그들의 마음에 확신을 심어주기 위하여 매일매일 연구하게 될 것입니다.

재판관과 배심원들이여! 이 주제와 관련한 엄중한 의무가 여러분에게 있습니다. 이 슬픈 범죄의 사례들을 고려할 때, 여러분은 인간으로서의 도리나 여러분이 공직자로서 했던 공적 선서를, 여태까지 당신이 자살을 다룰 때 가졌던 그 관습적인 태도와 조화시킬 수 있겠습니까? 제 말을 믿으십시오. 고의적으로 자살한 사람들에 대한 기억에 있어서 마땅히 없어야 할 그 반감을, 바보 같은 판결로 덮으려고 시도하거나 그러한 판결들을 지지할 때, 여러분은 여러분 자신의 영혼에 대해서만 잘못을 저지르는 것이 아니라 사회에 크나큰 해악을 끼치는 것입니다. 진실을 분명하게 적시하는 일이 그 범죄자가 아니라 그의 무고한 생존 가족들을 벌하는 것이라 말하지 마십시오. [그것이] 대부분의 사람들, 그리고 모든 사람들이 마땅히 행해야 하는 의무를 이행하도록 묶어주는 도덕적 구속력의 일부를 형성한다는 것을 잊으셨습니까? 편애나 감정에 영향을 받지 말고, 법을 집행하시기 바랍니다.[12] 공동체의 모든 구성원들로 하여금, 만일에 그들 가운데 누군가가 이러한 범죄에 빠진다면, 그는 그 자신에 대한 기억에 대하여 불명예를 더할 뿐만 아니라, 그의 가족들과 친구들에게 아주 심각한 상처를 입히게 될 것이라는 충분한 경고를 받게 하십시오. 그렇게 된다면, 여러분은 유족들조차 인

---

12 영국의 관습법에 의한 자살에 대한 처벌은 두 부분으로 되어있다. (1) 시신을 말뚝으로 꿰뚫어 큰길에 치욕스럽게 매장하기. (2) 범죄자의 전 재산을 국왕에게 몰수하기. 전자는 이 주에서 여전히 유효하지만, 절대 시행되지는 않는다. 후자는 특정 법률에 의해 폐지되었다.

정할 수밖에 없는, 인간의 사악함에 대한 제약을 하나 더하는 셈이 될 것이고, 이로써 아마도 많은 소중한 목숨들을 파멸로부터 구해낼 수도 있을 것입니다.[13]

젊은 친구들이여! 이 주제는 여러분들이 특별하게 주목해볼 만한 것입니다. 젊은이들은 자신들보다 더 나이든 이들에 비하여 자살의 범죄에 더욱 쉽게 빠진다고 주장되곤 하는데, 아마도 그것은 정당할 것입니다. 이러한 점에 대해, 여러분들은 반드시 충격을 받고 놀라며, [자살이라고 하는] 이 위험의 모든 원천에 대비하여 조심하기 위해 여러분들의 모든 경계심을 불러일으켜야 합니다. 인생의 강 물결은 여러분 앞에서 소용돌이치고 거칠게 흐릅니다. 그러나 아직 미숙하고 순진한 여러분은 현재에만 주목하고, 그것의 격렬한 흐름

---

13 자살자들에게 불명예를 안겨주는 것이 이 범죄를 예방하는 데에 도움이 된다는 것은, 역사가 풍부하게 증명해준다. 플루타르코스(Plutarch)는 우리에게, 밀레토스의 젊은 여성들이 자살을 향한 설명할 수 없는 충동에 사로잡혔으며, 그들의 친구들의 모든 눈물과 간청에 의해서도 제지될 수 없었다고 말한다. 설득과 간청으로 할 수 없었던 것을 매우 다른 수단에 의해 이룰 수 있었다. 즉, 다음과 같은 칙령이 공표되었다: "스스로 목을 맨 모든 젊은 여성들의 시신은, 그녀가 그 행위를 저지르는데 사용했던 바로 그 밧줄에 묶여 알몸으로 거리에 끌려나가야 한다. 이 포고령은 그 기이한 광란을 완전히 종식 시켰다. 또한, 타르퀴니우스 프리쿠스(Tarquinius Priscus) 치세 때 배수로와 공동 하수도를 만드는 일에 임명된 몇몇 로마 군인들은 그와 같은 굴욕적인 직무에 의해 모욕감을 느끼고 많은 수가 자살했다고 기록되어 있다. 왕은 자살한 사람들의 모든 시신을 십자가에 매달도록 명령했고, 이것은 그 관습을 효과적으로 멈추었다. 『백과사전(Encyclopedia)』, '자살' 항목에서

에 대해서는 간과한 채로, 막힘없이 순탄하고 즐거운 길만을 허황하게 상상합니다. 실망이 닥칠 것이고 속상한 일들이 일어날 것입니다. 가족들과의 사별이 여러분을 애도하게 할 것입니다. 다양한 종류의 고통이 '이 세상은 눈물의 협곡'이라는 사실을, 타락한 아담의 모든 후손인 여러분들에게 가르칠 것입니다.

그러므로 저는 여러분에게 "신중하고"(딛2:6), "악한 날에 여러분들이 능히 대적하고 모든 일을 행한 후에 설 수 있도록 하나님의 전신 갑주를 취할 것"(엡2:16)을 권면합니다. 심판의 날에, 경건함(religion)은 여러분에게 최고의 항변, 가장 든든한 버팀목, 최상의 위안이 되어줄 것입니다. 진실하고 현명하며 통일성 있는 경건함으로부터 루비보다 더욱 값진 내적인 위안들과 기쁨들이 흘러넘칠 것입니다. 뿐만 아니라 정직함, 근면함, 절제, 세상적인 목표들과 추구할 바들에 있어서의 온건함, 이 세상에서의 기쁨에 대한 최고의 보장이 되는 전반적인 삶의 거룩함도 함께 흘러넘칠 것입니다. 이러한 보화로 인하여서, 여러분들에게 어떠한 일이 일어나든지 안전할 것이며, 이것이 아니고서는, 그 어떤 것도 여러분에게 안전이나 행복을 주지 못할 것입니다. 그러므로, 여러분은 "먼저 그의 나라와 그의 의를 구하"(마6:33)십시오. "여호와를 경외하는 것이 지혜의 근본"(잠9:10)입니다. "경건은 범사에 유익하니 금생과 내생에 약속이 있"(딤전4:8)습니다.

고난을 겪고 있는 자녀들이여! 여러분은 이 논의에 대하여 즉각적이고 특별한 이해관계에 있습니다. 이것은 여러분에게 여러분의 적들과 아군, 위험과 피난처가 [무엇인지를] 지적하여 줍니다. 경건함이라는 피난처(the sanctuary of religion)로 여러분을 진심으로, 그리고 애정 어린 마음을 담아 초대합니다. 인간적인 어떤 것도 여러분에게 충분한 위안을 제공해 줄 수가 없습니다. 세상적인 어떤 것도 여러분에게 효과적이고 영원한 안식을 줄 수가 없습니다. 친구들이 여러분을 달래거나 웃어줄 수는 있어도, 그들은 "즐거움의 기름"(시 45:7; 히1:9)을 그 괴로운 가슴에 부어줄 수가 없습니다. 재산은 빛이 나며 아름다운 것이기는 하지만, 마음의 상처를 치유할 수가 없습니다. 명예가 눈부시고 우리 마음을 들뜨게 하는 것이기는 하지만, 굶주린 영혼을 먹일 수는 없습니다. 그것들은 우울함과 낙심의 구름을 걷어낼 수가 없습니다. 소위 철학이라는 것이 부정하게 여러분의 교만을 부추기고 그 그럴싸함(the promise)으로 여러분을 꾀지만, 철학의 공언은 공허하고, 그 그럴싸함은 헛된 것입니다. 마시는 자를 취하게 만드는 한 모금의 술은 잠시 잠깐 표면적인 위안을 주는 듯하지만, 그것은 그저 우리를 무감각하게 만들고 멍하게 할 뿐이며, "마침내 뱀 같이 물 것이요 독사 같이 쏠 것"(잠23:32)입니다. 여러분에게 "하나님을 욕하고 죽으라"(욥2:9)고 설득하는 오만한 교사들은 여러분의 영혼을 절망의 심연으로부터 건질 수도, 끝없는 비탄의 불길 속에서 시원한 물 한 방울조차도 여러분의 혀에 떨어뜨려 줄 수 없습니다. 그렇습니다. "그들은 다 재난을 주는 위로자들"(욥16:2)일 뿐입니다.

그런즉 복음의 은혜 가운데로 피하십시오. 만족함이 없고 슬픔에 빠진 자녀들이여! "수고하고 무거운 짐 진 자들이여!"구주께로 나아오십시오. 그가 여러분을 "쉬게 하실 것"(마11:28)입니다. 예수 안에 있는 진리를 받아들이시고, 그 거룩하게 하는 능력 아래에서 살아가십시오. 그리하면, 큰 불행이 닥쳐올 때 혐오스러운 자살의 도구를 가지러 가는 대신에, 언약의 하나님, 그의 영광스러운 보좌로 담대함과 따뜻한 확신 가운데서 나아가게 될 것이며, 또한 여러분은 '환난은 인내를, 인내는 연단을, 연단은 소망을 이루며, 그 소망이 우리를 부끄럽게 하지 아니함을 알아, 환난 중에도 즐거워하는' 그리스도인의 특권을 소유하게 될 것입니다(롬5:3-5). 그리고 죽음이 임박했을 때, 그것이 갑작스러우며 맹렬하게 찾아오든지, 아니면 천천히 우리를 지치게 만드는 병폐로써 찾아오든 간에, 그러한 죽음은 평화의 사자가 되어서, 더 이상 죄도 없고 "애통하는 것이나 곡하는 것이나 아픈 것이 다시 있지 아니하며", "처음 것들이 다 지나간"(계21:4) 한 왕국으로 여러분을 인도할 것입니다.

"능히 너희를 보호하사 거침이 없게 하시고 너희로 그 영광 앞에 흠이 없이 기쁨으로 서게 하실 이 곧 우리 구주 홀로 하나이신 하나님께 우리 주 예수 그리스도로 말미암아 영광과 위엄과 권력과 권세가 영원 전부터 이제와 영원토록 있을지어다 아멘."(유 24-25)

토머스 왓슨(Thomas Watson, 1620-1686)에 대한 간략한 소개

토머스 왓슨(Thomas Watson, 1620-1686)은 임마누엘 칼리지에서 수학한 비국교도 목사였다. 그는 장로교회의 신학체계를 가졌으며, 웨스트민스터 총회에서 웨스트민스터 소요리문답을 작성하는 데 참여하기도 했다. 또한, 그의 가장 중요한 신학적 강조점은 회심과 경건이었다. 아울러서 잉글랜드 내전 이후에 크리스토퍼 러브(Christopher Love, 1618-1651)와 찰스 2세(Charles II, 1630-1685)가 복귀하기를 원했던 것으로 알려져 있다. 한편, 그는 잉글랜드 내전 당시 왕당파(the Cavalier faction)에 속해 있었는데, 1651년부터 1652년까지 찰스 2세를 왕위에 복위시키려는 음모에 가담했다가 실패로 돌아가 투옥되기도 했다. 스튜어트 왕정복고 당시에는 비국교도라는 이유로 목사직에서 쫓겨나고 말았다.

의인(the Righteous)의 죽음

By Thomas Watson

"내게 사는 것이 그리스도니 죽는 것도 유익함이라!"

빌 1:21

바울은 그리스도를 지극히 높이는 사람이었습니다. 고전 2:2절에서, 그는 그리스도와 그가 십자가에 못 박히신 것 외에는 아무것도 알기를 원하지 않는다고 했습니다. 그리스도의 보혈과 같은 치료책(medicine)은 없습니다.

Ⅰ. "이는 내게 사는 것이 그리스도니"라는 것은, "그리스도가 나의 생명이다.", 혹은 "내 삶은 그리스도로 이루어져 있다"라는 뜻입니다. 악한 사람의 삶이 죄로 이루어져 있는 것과 같이, 바울의 삶은 그리스도로 이루어져 있던 것입니다. 즉, 그는 그리스도로 충만했습니다. 이 말씀을 더욱더 온전하게 [이해]하기 위해서, 다음과 같은 세 가지의 자세한 내용으로 나눠서 알아보도록 하겠습니다.

1. "이는 내게 사는 것이 그리스도니", 즉 그리스도가 나의 삶의 **원리**(principle)라는 것입니다. 나는, 가지가 그 수액을 뿌리로부터 가져오듯이, 나의 영적인 삶을 그리스도로부터 가져옵니다. "내 안에 그리스도께서 사시는 것이라."(갈2:20) 예수 그리스도께서 나로 하여금 모든 거룩한 행위들에 대하여 활력 있게 되도록 생명과 영들을 내게 보내십니다. 이와 같이, 내게 사는 것이 그리스도시라는 것은, 그리스도께서 내 삶의 원리라는 뜻으로, 가지가 뿌리로 인하여 사는 것과 같이, 그분의 충만함으로 내가 산다는 것입니다.

2. "이는 내게 사는 것이 그리스도니", 즉 그리스도가 내 삶의 **목적**(end)이라는 것입니다. 나는 나 자신이 아니라 그리스도를 위하여 삽니다. 나의 모든 삶은 그리스도를 섬기는 것입니다. "우리가 살아도 주를 위하여 살고."(롬14:8) 우리는 그리스도를 위해 온전히 헌신합니다. 우리는 그의 복음을 전파합니다. 우리 삶은 그리스도를 높이고, 그의 머리에 있는 면류관을 빛나게 하기 위해 디자인되었습니다. 우리의 삶 전체가 그리스도를 위하는 것이라면, 우리가 사는 것은 그리스도께서 사시는 것이라고 말할 수 있을 것입니다.

3. "이는 내게 사는 것이 그리스도니", 즉 시편 43편 4절에서 시인이 "나의 큰 기쁨의 하나님"이라고 말하듯이 그리스도께서는 내 삶의 **기쁨**(joy), 혹은 내 기쁨의 정수라는 것입니다. 그리스도인은 그리스도의 의(Christ's righteousness)를 즐거워합니다. 현세적인 기쁨

들이 사라질 때 그는 그리스도 안에서 즐거워할 수가 있습니다. 사람이, 정원의 튤립이 시들어도 집 안에 숨겨 놓은 그의 보석들로 인해 즐거워할 수 있듯이, 마찬가지로 세상적인 기쁨들이 사라져도 성도들은 값진 진주이신 그리스도 안에서 즐거워할 수 있는 것입니다. 이러한 뜻에서, 그리스도께서는 내 삶의 기쁨이십니다. 만일에 그리스도가 없다면, 내 삶은 나에게 있어 죽은 것이나 마찬가지일 것입니다.

이러한 사실들은 우리로 하여금 사도와 같이 "내게 사는 것이 그리스도시니", 즉 그가 내 삶의 원리요, 목적이요 기쁨이시라고 고백하기를 애써야 한다고 촉구합니다. 만일에 우리가 "내게 사는 것이 그리스도시"라고 말할 수 있다면, 우리는 다음과 같이 넉넉한 결론을 지을 수 있을 것입니다. "죽는 것도 내게 유익함이라!"

II. "죽는 것도 유익함이라." 그렇습니다. 신자에게 있어서 죽음은 큰 유익입니다. 성도들은 이 땅에서 그리스도를 위하여 무엇을 잃었는지를 헤아릴 수 있을 것입니다. 하지만, 그는 죽을 때에 얼마나 큰 유익을 얻는지 헤아릴 수가 없습니다. "죽는 것도 내게 유익함이라." 죽음은 신자에게 있어서 영원한 광명의 시작입니다. 죽을 때 신자가 얻는 유익들이 무엇인지를 온전히 바라보는 것은, 천사에게조차 너무도 큰 일일 것이며, 모든 과장된 표현들로도 부족할 것입니다. 영광의 상급은 우리의 상상을 초월합니다. [그러므로] 다만 나는, 성도들이 죽음의 때에 얻게 될 무한한 영광의 희미한 단면과 불완전한 윤곽만 보이고자 합니다. "죽는 것도 내게 유익함이라"고 말입니다.

1. 신자들은 죽을 때, 비로소 모든 죄와 근심들에 대하여 영원한 작별을 고하게 됩니다. 그 때에 그들은 완전무결(impeccability)의 상태에 들어서게 될 것입니다. 죄는 그들의 생명과 함께 그 기한이 만료될 것입니다. 나는 때때로 어떠한 새로운 죄악도 생각하지 않게 되고, 모든 근심들에 대한 종지부를 찍게 되는 그 상태가 얼마나 행복한 상태일지를 생각합니다. 이생에서 다윗은 다음과 같이 울부짖었습니다. "내 일생을 슬픔으로 보내며 나의 연수를 탄식으로 보냄이여."(시 31:10) 어거스틴은 다음과 같이 말했습니다. "오래 사는 것은 그저 긴 고문일 뿐이다." 삶은 울음으로 시작하여, 신음소리로 끝맺는다. 그러나 죽을 때에 모든 근심들은 종말을 고하고 만다.

2. 신자들은 죽을 때, [다음과 같은 방식으로] 하나님의 영광스러운 모습을 보게 될 것입니다.

(1). 그들은 그들의 마음의 눈을 가지고 지성적으로(intellectually) 하나님을 보게 될 것입니다. 목사들은 이를 지복직관(beatific vision)이

라고 부릅니다. 만일에, 하나님에 대한 그러한 지적인 방식의 바라봄이 존재하지 않는다면, 완전하게 된 의인들의 영혼이 어떻게 그를 볼 수가 있겠습니까?

(2). 그들은 그리스도의 영광스러운 몸을 목도하게 될 것입니다. 만일 태양을 보는 일이 기쁜 일이라고 한다면, 공의로운 태양(the Sun of Righteousness)이신 그리스도께서 우리와 같은 인성을 입으신 채로 천사들 위에서 영광 가운데 빛나시는 것을 보는 일은 얼마나 복된 것이겠습니까? 그리스도의 육신을 통해서, 마치 투명한 유리를 통해 바라보듯이, 하나님의 신성(Godhead)의 어떤 밝은 빛과 광채 그 자체를 영화롭게 된 눈으로 볼 수 있을 것입니다. 그리스도를 통해서 하나님을 보게 되는 것은 매우 흡족할 것입니다. 왜냐하면, 하나님의 본질에 대한 우리의 두려움은 거두어질 것이며, 그의 위엄은 아름다움과 어우러지고 그의 자비로 인하여 흡족하게 될 것이기 때문입니다. 하나님의 얼굴에 담긴 사랑스러운 모습과 미소를 보는 일은 성도들에게 있어서 무한히 만족스러운 일이 될 것입니다.

3. 성도는 죽을 때 단지 하나님을 보게 되는 것뿐만 아니라, 그분의 사랑을 즐거워 할 것입니다. 하나님의 얼굴에는 더 이상 가리는 수건이 없을 것이고, 그의 미소는 찌푸림으로 변하지 않을 것이며, 오히려 그의 사랑 그 자체만이 빛나는 아름다움과 향긋한 감미로움으

로 드러날 것입니다. 이 땅에서 성도들은 그의 사랑을 간구하지만, 그것의 아주 일부만 얻을 뿐입니다. 하지만 거기서는 그들의 그릇이 받을 수 있을 만큼 최대한으로 받게 될 것입니다. 지식에 넘치는 사랑을 아는 것은 영혼의 환호를 불러일으키고, 성도들 안에 지극히 뛰어난 기쁨의 거룩한 황홀함을 창조할 것이며, 하나님께서 그들로 그것을 감당할 수 있게 해주지 않으시면 그것은 곧장 그들을 압도해버릴 정도일 것입니다.

4. 신자들은 죽을 때, 손으로 만들지 않은 한 집(고후 5:5), 천상의 궁전을 얻을 것입니다. 이생에서 성도들은 거할 곳이 없어서 얼마간 머리를 둘 초라한 처소만을 가지고 있을 뿐입니다. 하지만 그들은 장차 왕궁에서 살 것입니다. 이 세상에서 그들은 잠시 머무는 집(sojourning house)이 있을 뿐이지만, 천국에서는 모든 눈에 보이는 천체들 보다도 더욱 높게 지어졌으며, 빛으로 장식되고, 진주와 값진 보석들로 풍성하게 된 그들의 저택(mansion-house)이 있을 것입니다(골 1:12, 계 21:19). 이 집은 그들이 집 주인에게 잠시 세를 주고 들어간 집(landlord's house)이 아니며, 반석 위에 지어진 그들의 아버지의 집(Father's house)입니다(요14:2). 이것은 "맑은 유리"로 지어졌다고 묘사가 되는데, 이는 그 거룩함을 나타내기 위함입니다(계 21:21).

5. 신자들은 죽을 때, 영화롭게 된 성도들 및 천사들과의 달콤한 교제를 얻게 될 것입니다. 이는 마치 각 별들이 하늘에 광채를 더해주는 것과 같은, 천국에서의 지복에 더해지는 기쁨입니다.

(1). **영화롭게 된 성도들과의 교제.** 우리는 그들의 몸뿐만 아니라 그들의 영혼도 보게 될 것입니다. 그들의 몸이 너무나 맑고 빛나서, 우리는 마치 포도주가 유리잔을 통하여 비쳐 보이듯이 그들의 영혼이 그것들을 통해 빛나는 것을 보게 될 것입니다. 또한, 신자들은 죽을 때, 영화롭게 된 성도들과 가깝게 대화할 것입니다. 이생에서 그들을 흉지게 했던 상처와도 같은 그 모든 죄악된 부패와 자존심, 질투, 정욕, 그리고 비판으로부터 벗어나서 [그들과 대화할 수 있다는 것이] 얼마나 즐겁겠습니까? 천국에서는 성도들 간에 완전한 사랑이 있을 것입니다. 마치 감람나무와 화석류(myrtle)처럼, 그들은 부드럽게 서로를 부둥켜안을 수 있을 것입니다. 베드로가, 그의 생전에 본 적 없던 모세와 엘리야를 분명하게 알아보았다면(마 17:3), 영화롭게 된 상태에서의 성도들은 그들이 비록 이 세상에서 서로를 한 번도 본 적이 없다고 할지라도, 서로를 완전하게 알아볼 수 있을 것이 당연할 것입니다.

(2). **성도는 죽을 때 그들의 영화롭게 된 이해력의 안목으로써 천사들을 보게 될 것입니다.** 그룹(곧, 천사)의 날개는 그들의 정결함과

탁월함을 나타내 보이도록 정금으로 이루어졌습니다. 천사들은 그들에게서 뿜어져 나오는 듯한 그들의 번쩍이는 위엄의 광채로 인하여 번개와 비교되기도 합니다(마 28:3). 성도들과 천사들이 천국의 합창단에서 만나 일제히 노래할 때, 얼마나 거룩한 하모니와 기쁨의 개가가 있겠습니까!

6. 신자들은 죽을 때에, 거룩함의 완성을 얻게 될 것입니다. 이 땅에서 은혜는 다만 "요람 속에 있는"것처럼 매우 불완전하기 때문에, 우리는 거룩함의 한 조각에서 그 일부조차 얼룩 없이 쓸 수 없습니다. 이 땅에서 신자들은 "성령의 첫 열매"만을 받을 뿐이지만, 죽을 때에 비로소 완전에 이르게 될 것입니다. 즉, 그들의 지식은 명확해지고, 그들의 정결함은 완전해질 것이며, 그들 머리 위의 태양은 찬란한 정오의 충만함에 이를 것입니다. 그들은 더 이상 은혜의 증진을 위하여 기도할 필요가 없습니다. 왜냐하면 그들은 그들이 사랑하고자 하는 만큼 하나님을 사랑할 수 있을 것이기 때문입니다. 그들은 거룩함에 있어서 하나님의 천사들과 같아질 것입니다.

7. 죽을 때에, 성도들은 성대하고 장엄한 식사 자리에 초대될 것입니다. 나는 앞서 성도들이 갖게 될 영광스러운 궁전에 대하여 언급했습니다. 그러나 만약 어떤 집에 음식이 없다면, 그들은 거기서 굶어 죽을지 모릅니다. 하지만 성도가 죽을 때에 얻게 되는 왕의 잔치

는 성경에서 혼인 잔치로 묘사되었습니다(계 19:9). 불링거(Heinrich Bullinger, 1504-1575)와 대 그레고리(Gregorius PP. I)는 성도들이 생명나무로 살게 될 천국(계 22:2)의 그 우아하고 장엄한 축제를 어린 양의 혼인 잔치로 이해했습니다. 그들은 하늘의 감로수와 진미, 즉 "향기로운 술 곧 석류즙"(아 8:2)을 마시게 될 것입니다. 어린 양의 이 성대한 만찬은 배고픔을 해소해 줄 뿐만 아니라, 배고픔 자체가 더 이상은 없도록 할 것입니다. "그들이 다시는 주리지도 아니"(계 7:16)하리라고 했으니 말입니다. 이 식사 자리는 물릴 일도 있을 수가 없습니다. 왜냐하면 신선한 음식이 계속해서 제공될 것이기 때문입니다. 새롭고 신선한 기쁨들이 하나님에게서 흘러넘치는 것입니다. 그러므로 동산에 있는 생명의 나무는 열 두 가지 종류의 열매를 맺는 것으로 묘사됩니다(계 22:2).

8. 신자들은 죽을 때에 명예와 품위를 얻게 될 것입니다. 즉, 그들은 왕으로서 다스리게 될 것이라는 말입니다. 그러므로 우리는 그들의 흰 옷과 천상의 왕관을 통해서 그들의 왕권의 표식들을 읽을 수가 있습니다(계 4:4). [또한] 우리는 지성소의 문이 종려나무와 핀 꽃들로 아로새겨져서 금으로 입혀져 있다는 것을 성경에서 읽을 수 있습니다. 이것은 이김과 승리, 그리고 하나님께서 영화롭게 된 성도들에게 주시는 빛나는 명예의 화환을 상징하는 것입니다. 모든 세상적인 명예가 먼지 속에 묻혀버릴 때에도, 성도의 명예는 여전

히 지속될 것입니다. 그들의 면류관에서는 보석 하나도 빠지지 않을 것입니다. 그들은 죽을 때 복된 영원함(a blessed eternity)을 얻게 될 것입니다. 만일에 성도들이 자신의 영광을 잃을 수도 있을 것이라 조금이라도 의심하거나 두려워 할 수 있었다고 한다면, 그들의 기쁨은 훨씬 식어지고 씁쓸하였을지 모릅니다. 그러나 그들의 면류관은 시들지 않습니다(벧전 5:4). 악인들이 절대로 죽지 않는 벌레들에게 물리는 형벌을 받게 되듯이, 택자들은 시들지 않는 영광의 면류관을 갖게 될 것입니다. '영원히'라는 말은 짧은 단어이지만, 거기에 의미하는 바는 끝이 없습니다. 버나드는 다음과 같이 말했습니다. "마지막에 우리의 기쁨은 영원히 끝나지 않을 것"이라고요. 또한, 고린도후서 4장 18절은 이렇게 말씀합니다. "보이지 않는 것은 영원함이라."또 시편 16편 11절도 다음과 같이 말씀합니다. "주의 오른쪽에는 영원한 즐거움이 있나이다."누가 영원을 헤아릴 수 있습니까? 수백 만 년이 지난다고 해도, 영원 앞에서는 하찮은 세월일 뿐입니다. 성도는 그리스도의 품 안에서 가장 높은 영광의 찬송을 영원히 가지게 될 것입니다!

성도들은 이 모든 유익들을 어떻게 얻게 될까요?

그들은 몇 가지 이유로 인하여 죽을 때에 이 모든 유익들에 대한 권리를 갖습니다. 즉, 아버지의 베푸심(donation)과 아들의 얻으심

106

(purchase), 그리고 성령의 인침(pledge), 또한 믿음의 받아들임 (acceptance)입니다. 그러므로 미래의 영광의 상태는 성도에게 합당하고 진정한 기업인 것입니다. 그들은 하나님의 상속자들이며 따라서 그것을 얻을 권리를 갖습니다. "우리로 하여금 빛 가운데서 성도의 기업의 부분을 얻기에 합당하게 하신 아버지께 감사하게 하시기를 원하노라. 그가 우리를 흑암의 권세에서 건져내사 그의 사랑의 아들의 나라로 옮기셨으니."(골1:12-13)

적용 1. 거룩한 이들과 악인들의 죽음 사이에 있는 큰 차이를 보십시오. 거룩한 이들은 죽을 때에 크게 유익을 얻는 자들입니다. 그러나 악인들은 죽을 때에 모든 것들을 잃는 자들입니다. 그들은 다음의 네 가지를 잃게 될 것입니다.

⑴. 그들은 **세상**을 잃게 됩니다. 이것은 악인들에게 있어서 크나큰 손실입니다. 그들은 그들의 보물을 땅에 쌓아두는데, 그 모든 것들이 한꺼번에 큰 손실로서 드러나게 되는 것입니다.

⑵. 그들은 그들의 **영혼**을 잃게 됩니다(마16:26-27). 그 영혼은 처음에 하나님께서 자신의 형상을 새겨 넣으셨던 하나의 고귀한 동전과 같았습니다. 이 천상의 흔적은 천하보다도 더 귀하지요. 그러나 죄인들의 영혼은 결국 상실되고 말 것입니다. 물론, 악인의 영혼은 죽

107

을 때에 소멸되어 버리는 것이 아니라 고통에 빠지게 될 것입니다.

(3). 그들은 **천국**을 잃어버리게 됩니다. 천국은 복 있는 자들의 고귀한 자리, 행복한 곳, [그들의] 완전함에 대한 정확한 묘사입니다. 그곳에는 천사의 음식인 만나가 있고, 향료의 정원, 향기로운 침대, 기쁨의 강이 있습니다. 죄인들은 죽을 때에 이 모든 것들을 잃어버리게 되는 것입니다.

(4). 그들은 모든 소망을 잃어버리게 됩니다. 그들은 악하게 살았으면서도 하나님께서 자비로우시기를 소망하고, 천국에 이르기를 소망했습니다. 그러나 그들의 소망은 닻이 아니라 그저 거미줄에 불과합니다. 그들은 죽을 때 그 소망을 잃어버린 채로, 지옥에 빠지도록 스스로를 부추겼을 뿐임을 직시하게 됩니다. "하나님을 잊어버리는 자의 길은 다 이와 같고 저속한 자의 희망은 무너지리니 그가 믿는 것이 끊어지고 그가 의지하는 것이 거미줄 같은즉"(욥 8:13-14). 생명과 소망이 한꺼번에 끊어지는 것은 참으로 두려운 일이지요! 그러므로 잠언 10장 28절에서는 "의인의 소망은 즐거움을 이루어도 악인의 소망은 끊어지느니라."고 했고, 11장 7절에서도 "악인은 죽을 때에 그 소망이 끊어지나니 불의의 소망이 없어지느니라."고 했으며, 또한 잠언 11장 23절에서는 "의인의 소원은 오직 선하나 악인의 소망은 진노를 이루느니라."고 했습니다.

적용 2. 만일에 성도가 그와 같이 영광스러운 것들을 죽을 때 얻게 된다면, 그 죽음을 갈망하는 것이 당연할 것입니다. 모두가 행복을 갈망하지 않습니까? 누구도 자기의 죽음 앞에서 만족하지 못합니다. 하지만 믿음은 천국으로 향하는 자격을 부여하고, 죽음은 그 천국을 실제로 소유하게 합니다. 이 세상에서 우리는 [그리스도를] 섬기기를 바라야(desirous) 할 뿐만 아니라, 그리스도와 함께하기를 열망해야(ambitious) 합니다. 그러므로 빌 1장 23절에서 사도 바울은 "… 차라리 세상을 떠나서 그리스도와 함께 있는 것이 훨씬 더 좋은 일이라 그렇게 하고 싶"다고 했습니다. 우리는 이생의 삶에 대해서도 만족스러워야 하지만, 또한 두려움 없이 죽음을 맞이할 수도 있어야 합니다. 죄로부터 자유로워져서 하나님의 사랑의 품에 영원히 안기는 것이 복되지 않겠습니까? 천국에서 우리의 거룩한 형제들과 만나서 거룩한 찬송의 송가를 천사들 사이에서 부르는 것이야말로 복되지 않겠습니까? 신부가 결혼식 날을 갈망하지 않던가요? 특별히 그녀가 면류관을 예상하고 있다면 말입니다! 우리가 지금 살아가고 있는 이곳은 어떤 곳입니까? 이곳은 다름 아닌 하나님으로부터 추방된 곳이 아닙니까? 우리는 광야 가운데 있습니다. 이 땅에서 우리는 사탄과 싸우고 있습니다. 시험의 총알들이 빠르게 쉴 새 없이 날아다니는 이 피 튀기는 전장으로부터 벗어나서, 승리의 면류관을 받기를 갈망해야 하지 않겠습니까? 그리스도께서 그 얼굴로 우리를 향하여 항상 미소를 지으신다면 어떠할지 생각해보십시오! 연회장으로 인도되어 그의 사랑의 깃발이 우리 위에 펄럭인다면 어떠할지 생각해보시기 바랍니다! 오, 성도들이여! 다가올 죽음을 두려워하지 말고 고대하십시오. 그 날은 여러분이 하늘로 승천하는 날이 될 것입니다.

힐라리온(Hilarion the Great, 291-371)은 그가 죽을 때에 다음과 같이 말했다고 합니다. "가라, 내 영혼아! 힘을 내어 가라!"고 말입니다. 또 다른 어떤 거룩한 사람은 다음과 같이 말했다고 합니다. "주여, 내가 전에 어두운 거울을 통해 보았던 그 영광으로 인도하소서! 주여, 서두르시고 지체치 마옵소서!"어떤 식물들은 옮겨 심겨질 때에 가장 잘 자랍니다. 이와 같이 신자들은, 그들이 죽음에 의하여 천상으로 옮겨 심겨질 때에, 그들 위로 비추는 그리스도의 햇살로 인하여 가장 번성할 수밖에 없는 것입니다. 물론, 사망의 음침한 협곡을 지나는 길은 무척이나 힘이 듭니다! 하지만 연안에 닿자마자 면류관을 쓰게 될 것을 확신한다면, 폭풍이 몰아치는 바다라 할지라도 누가 건너기를 꺼려 하겠습니까?

적용 3. 우리는 사랑하는 경건한 형제들을 잃는 슬픔 속에서도 위로를 발견하곤 합니다. 그들은 단지 다가올 악으로부터 벗어날 뿐만 아니라, 죽음에 의해 크나큰 유익을 얻을 것입니다. 그들은 광야를 떠나서 낙원으로 갑니다. 그들의 불평은 감사로 바뀔 것입니다.

그들은 그들 자신의 슬픔을 뒤로 하고서, 그들의 주님에 대한 기쁨에 들어서는 것입니다. 그런즉 우리가 그들의 행복을 위하여 슬프게 울어야 할 이유가 있습니까? 신자들은 그들이 죽는 날까지, 그들에게 주어진 몫을 온전히 갖지를 못합니다. 하나님의 약속은 그들에게 천국을 주시겠다는 어음과 같으나, 그들은 그분의 어음을 지니고 있을지라도, 그들의 몫을 죽는 날까지는 손에 쥐지 못합니다. 오! 주님 안에서 죽은 자들의 행복에 대하여 생각하기를 즐거워하십시오! 그들에게 있어서는 "죽는 것도 유익"한 것입니다. 그들은 천국이 줄 수 있는 만큼의 부요함을 가지게 될 것이기 때문입니다.

죽을 때에 신자가 지니는 특권

"내게 사는 것이 그리스도니 죽는 것도 유익함이라."(빌 1:21)

소망은 장막 안으로 던지는 그리스도인의 닻입니다. "바라며 즐거워하는"(롬 5:2) 성도의 소망은 이생에 있지 않으며, 오히려 그는 "그의 죽음에서도 소망이"있습니다. 성도에게 있어서 최고의 위로는 그의 생애가 끝날 때에 시작되지만, 악인들에게 있어서는 그들의 모든 천국을 이생에서만 가질 뿐입니다. 누가복음 6장 24절 말씀은 "화 있을진저 너희 부요한 자여 너희는 너희의 위로를 이미 받았도다."라고 했습니다. 여러분은 자신의 무죄함을 확인하고, "모두 지불했음"이라고 쓰게 될 것입니다. 누가복음 16장 25절에서 "애 너는 살았을 때에 좋은 것을 받았으니⋯⋯이것을 기억하라"고 한 것에서 알 수가 있듯이, 성도의 행복은 하늘의 영광을 기대하는 것에 있습니다. 잠언 14장 32절에서는 그러므로 "의인은 그의 죽음에도 소망이 있느니라."고 했습니다. 하나님께서는 마지막까지 최고의 포도주를 간직해 두십니다. 이교도였던 카토가 죽음을 다행스러운 일이라고 여기면서 "죽는 것도 내게 유익함이라"라고 말했다고 한다면, 신자는 무어라 말해야 할 것입니까? 전도서 7장 1절 말씀은 "죽는 날이 출생하는 날보다 나으"니라고 했으니, 영국의 한 여왕은 요람보다는 관을 더욱 원한다고 말했다고 합니다.

신자들이 죽을 때 받는 유익(benefit)은 무엇인가?

I. 성도는 죽을 때에, 큰 면책권(immunity)과 자유를 갖게 됩니다. 견습생은 그 계약 기간을 다 채울 때에 비로소 자유롭게 됩니다. 이와 마찬가지로, 성도는 이 땅에서 그들의 시간을 다 채울 때에 비로소 자유롭게 되는 것입니다. 그들은 죽음을 맞이할 때까지는 자유롭지 못합니다.

1. 죽을 때에, 그들은 죄의 몸으로부터 비로소 자유롭게 됩니다. 이 지상에서는 아무리 최고의 신자들이라 할지라도 죄의 찌꺼기, 곧

부패의 잔재들과 흔적들이 존재합니다. 그러므로 로마서 7장 23절에서 사도 바울은 "오호라 나는 곤고한 사람이로다 이 사망의 몸에서 누가 나를 건져내랴."고 말했습니다. 여기서 사망의 몸은 죄 덩어리(the mass and lump of sin)를 의미합니다. 몸은 종종 그 무게로인하여, 그리고 사망의 몸은 또한 그 해로움으로 인하여 종종 그렇게 불립니다.

⑴. 죄는 그 무게로써 우리를 짓누릅니다. 또한, 죄는 우리로 하여금 선을 행하지 못하게 방해합니다. 마치 날아오르려고 하지만 그것을 저지하는 사슬이 그 발에 묶여 있는 새처럼, 그리스도인 역시도 소망의 날개로서 천국으로 날아오르려 하지만, 죄가 그를 방해하는 것입니다! 그는 마치 닻을 내려둔 채로 돛을 올리고 항해하려고 하는 배와 같습니다! 은혜는 앞으로 나아가 항해하도록 하려고 하지만, 죄는 닻을 내려서 붙잡아두려고 하는 것입니다.

⑵. 죄는 자기 영역에 있어서 은혜보다 더욱 활동적입니다. 다윗의 은혜가 잠자고 있을 때, 다윗 안에 있던 정욕이 얼마나 그를 휘저었던가요!

⑶. 죄는 종종 지배력을 가지고서, 성도들을 사로잡습니다. 로마서 7장 19절에서 사도 바울은 "내가 원하는 바 선은 행하지 아니하고

도리어 원하지 아니하는 바 악을 행하는도다."라고 했으니, 바울은 급류에 휩쓸려서 어찌하지 못하고 있던 한 사람과 같았습니다. 하나님의 자녀라고 할지라도 얼마나 빈번히 자만심과 욕정에 의해 압도되는지요! 그러므로 바울은 그의 속에 있는 죄에 대하여 다음과 같이 말했습니다. "내 지체 속에서 한 다른 법이 내 마음의 법과 싸워 내 지체 속에 있는 죄의 법으로 나를 사로잡는 것을 보는도다."(롬7:23) 라고 말입니다. 죄는 법률처럼 구속력이 있으며, 영혼에 대하여 일종의 관할권(jurisdiction)을 갖습니다. 카이사르(Gaius Julius Caesar, BC 100-BC 44)가 원로원에 대하여 가졌던 것과 같은 권한 말입니다.

(4). 죄는 영혼을 더럽게 합니다. 아름다움에도 녹이 스는 것처럼, 죄는 성도들의 청명함을 캄캄한 어두움으로 바꾸어 놓습니다.

(5). 죄는 우리의 힘을 약화시키고, 빼앗습니다. 사무엘하 3장 39절에서 다윗은 "내가 기름 부음을 받은 왕이 되었으나 오늘 약하여서…"라고 말한 바와 같이 말입니다. 성도는 은혜로 면류관을 쓴 기름 부음 받은 영적인 왕이지만 [육신적으로는 여전히] 연약할 뿐입니다.

(6). 죄는 잠시도 쉬지를 않습니다. 갈 5장 17절에서 사도는 "육체

의 소욕은 성령을 거스"른다고 했는데, 죄라는 것은 마치 항상 소란을 일으키는 수감된 정신병자와도 같습니다. 결코, 얌전하게 가만히 있지를 않는 것입니다.

(7). 죄는 우리에게 꼭 달라붙어서, 우리로 하여금 그것을 제거할 수 없도록 합니다. 이것은 벽을 타고 자라나는 야생의 무화과나무에 비할 수 있을지 모르겠습니다. 그 굵은 뿌리는 쉽게 뽑혀 나가지만, 수염뿌리의 일부가 석조의 이음새 부분에 남아서 제거할 수 없는 것과 같습니다.

(8). 죄는 우리의 의무와 은혜들과 뒤섞여버리곤 합니다. 그것은 하나님의 자녀들로 하여금 그 삶에 지치게 하며, 그 침상을 눈물로 적시게 합니다. 죄가 너무나 강력하게 그 안에 내주하여서 그가 사랑하는 하나님을 종종 공격하게끔 한다는 점을 생각할 때에 말입니다. 이것이 바울로 하여금 다음과 같이 외치게 한 것입니다. "오호라 나는 곤고한 사람이로다 이 사망의 몸에서 누가 나를 건져내랴."(롬 7:24) 그는 자기의 고통이나 사슬로 묶인 것 때문에 울부짖은 것이 아니고, 죄악된 육신 때문에 그처럼 울부짖은 것입니다.

하지만 이제, 신자는 죽을 때 죄로부터 자유롭게 됩니다. 그는 그의 죄들로 인하여 끌려 나가는 것이 아니라, 그의 죄들로부터 벗어나게 되는 것입니다. 그는 다시는 헛되고 교만한 생각을 품지 않게 될 것이니, 그는 하나님의 성령을 다시는 근심케 하지 않을 것입니다! 죄가 이 세상에 죽음을 가져 왔으나, 신자들에게 있어서 이제 죽음은 오히려 죄를 세상으로부터 끌어낼 것입니다. 페르시아인들은 일 년 중에 특정한 날 하루에 독이 있는 모든 뱀들과 독이 있는 피조물들을 죽임으로써 죽음을 극복하기를 염원했다고 하는데, 신자들에게 있어서는 죽는 날이 바로 그러한 날이 될 것입니다. 죽음은 그를 문 수많은 뱀들과 같았던 그의 모든 죄악들을 파멸시킬 것입니다. 죽음은 천사가 베드로에게 그러했던 것과 같이 신자를 치고 그 묶인 사슬을 풀어버릴 것입니다(행 12:7). 신자들은 죽을 때에 비로소 거룩함 가운데서 온전하게 됩니다. 히브리서 12장 23절에 기록한바 "온전하게 된 의인들의 영"이 되는 것입니다. 죽을 때에 신자들의 영혼은 그들의 첫 순결함을 회복하는 것입니다. 오! 점이 없고 흠도 없게 된다는 것이, 햇살보다 더 순수하게 된다는 것이, 천사들과 같이 죄로부터 자유하게 된다는 이것이 얼마나 복된 특권인지요! 이러한 사실은 신자들로 하여금 통행증을 갖고 죄에서 벗어나기를 열망하도록 만듭니다. 그는 죄의 검은 연기가 피어오르지 않는 그 깨끗한 공기 속에서 살고 싶을 것입니다.

2. 죽을 때에 성도는 이 생애를 지배하고 있는 모든 근심과 짐들로부터 자유롭게 됩니다. 에우리피데스(Euripides, BC 480?-BC 406)는

"죄는 뿌려진 씨이고 근심은 거둬지는 그 수확물이다!"라고 했습니다. 삶과 근심은 아주 밀접하게 결합되어 있는 것입니다. 이생의 삶에는 우리를 시험하는 것보다도 근심케 하는 것이 훨씬 많습니다. 부모들은 그 자녀들에게 슬픔의 일부를 나누어 주기도 하지만, 여전히 그들 자신에 대한 슬픔을 충분하게 지닙니다. 그러므로 욥기 5장 7절은 기록하기를 "사람은 고생을 위하여 났으니."라고 했습니다. 그는 근심과 고생의 상속자요, 이는 그의 생득적인 권리입니다. 그런즉 사람의 인생에서 근심을 분리하느니, 차라리 납에서 무게를 분리시키는 것이 더 쉬울 것입니다. 헨리 7세의 문장(coat of arms)은 가시덤불 속에 걸린 왕관이었습니다. 이생에서는 즐거움이 차지하는 비율보다도 쓰라림이 차지하는 비율이 훨씬 더 크기 때문입니다. "(내 침대에는) 몰약과 침향과 계피를 뿌렸노라."(잠 7:17) 이는 곧 달콤한 재료 하나에 쓴 재료가 두 가지 있는 것과 같은데, 계피가 달콤한 것이라면 몰약과 침향은 쓴 것입니다. 사람이 받은 하나님의 은혜는 그를 근심에서 [완전히] 벗어나게 하는 것이 아닙니다. 그러므로 창 47장 9절에서 야곱은 이르기를 "내 나이가 얼마 못 되니 우리 조상의 나그네 길의 연조에 미치지 못하나 험악한 세월을 보내었나이다."라고 말했지요. 거룩한 족장, 곧 야곱도 그가 비록 하나님을 만났음에도 불구하고 이처럼 말했던 것입니다. "내가 하나님과 대면하여 보았도다!"라고 말했던 그였으나, 또한 그에게는 여전히 근심이 있었습니다. 삶을 힘겹게 하고 근심을 일으키는 수

많은 것들이 있었던 것입니다. 그러나 죽음은 우리를 그 모든 것들로부터 자유케 합니다.

(1). 죽음은 신자를 걱정으로부터 자유롭게 합니다. 정신은 어떻게 하면 이러저러한 계획을 이루어낼 수 있을지, 어떻게 하면 이러저러한 악을 예방할 수 있을지 등의 복잡한 생각들로 가득합니다. 헬라어로 '걱정'이라는 말은 마음을 조각내어 자른다는 의미의 어근으로부터 비롯되었다고 합니다. 걱정은 마음을 괴롭게 하고 영혼을 쇠약하게 만드는 것입니다. 걱정의 빵 만큼이나 쓴 빵이 또 어디에 있겠습니까(겔 12:19). 걱정은 삶의 안락함을 집어삼키는 영적인 병폐이며, 죽음만이 그에 대해 유일한 치료책입니다.

(2). 죽음은 신자를 두려움으로부터 자유롭게 합니다. 두려움은 영혼을 뒤흔드는 간질병과 같습니다. "두려움에는 고통이 있다."두려움은 프로메테우스의 간을 쪼아먹는 독수리와도 같습니다. 의심의 두려움, 곧 결핍에 대한 두려움이 있고, 사람을 정신없게 만드는 두려움, 곧 위험에 대한 두려움이 있으며, 낙담케 하는 두려움, 곧 하나님께서 우리를 사랑하지 않으신다는 두려움이 있습니다. 이러한 두려움들은 그 정신에 끔찍한 인상들을 남기지요. 그러나 죽을 때 신자는 이러한 고통스러운 두려움으로부터 자유롭게 됩니다! 저주받은 자들이 소망으로부터 멀리 있는 것만큼 신자들은 두려움으로

부터 멀어지게 되는 것입니다. 그 무덤은 그리스도인의 두려움을 묻어버립니다.

(3). 죽음은 신자를 모든 수고로부터 자유롭게 합니다. 전도서 1장 8절은 기록하기를 "모든 만물이 피곤하다는 것을 사람이 말로 다 말할 수는 없나니."라고 했습니다. 어떤 이들은 그들의 육체로 수고하며, 다른 이들은 그들의 정신으로 수고합니다. 하나님께서는 한 법을 세우셨으니, 곧 "얼굴에 땀을 흘려야 먹을 것을 먹으리"(창 3:19)라는 것입니다. 그러나 죽음은 신자에게 그 힘든 수고로부터 벗어나도록 해주는 평안(quietus)을 가져다줍니다. 그래서 요한계시록 14:13절 말씀은 "주 안에서 죽는 자들은 복이 있도다 ... 그들이 수고를 그치고 쉬리니."라고 기록되어 있습니다. 그들은 더 이상 일하지 않아도 됩니다. 왜냐하면, 그들은 이미 상을 받았기 때문입니다! 그들은 더 이상 분투하지 않아도 됩니다. 왜냐하면, 그들은 이미 면류관을 그 머리에 썼기 때문입니다! "그들이 수고를 그치고 쉬리니."

(4). 죽음은 신자를 고통으로부터 자유롭게 합니다. 신자들은 가시 속에 핀 백합이요, 독수리들 사이에 있는 비둘기와도 같습니다. 악인들은 그들을 향하여 적대감을 가지며, 그들의 은밀한 증오는 때때로 노골적인 폭력으로 나타날 것입니다. 갈라디아서 4장 29절에

기록한바 "육체를 따라 난 자가 성령을 따라 난 자를 박해한 것 같이 이제도 그러하도다."라는 말씀과 같이 말입니다. 마지막 때의 용은 일곱 개의 머리와 열 개의 뿔을 가진 것으로 묘사됩니다(계 12:3). 그 용은 그 일곱 개의 머리로 음모를 꾸미며, 열 개의 뿔로 찌릅니다. 그러나 죽을 때, 거룩한 이들은 악인들의 괴롭힘으로부터 자유롭게 될 것입니다! 그들은 절대로 더는 이 해수(Harmful beast)에 의해 괴롭힘을 당하지 않을 것입니다! 욥기 3장 17절에서 "거기서는 악한 자가 소요를 그치며."라고 한 것처럼 말입니다. 죽음은 아리마대 요셉이 그리스도께 했던 것과 같이 신자들에게도 행할 것입니다. 곧, 그를 십자가에서 내리는 일 말입니다. 높이 나는 독수리는 뱀에게 물릴 수 없지요. 죽음은 영혼에게 독수리의 날개를 달아주어 이 땅의 모든 독사들 머리 위로 날아오르게 할 것입니다!

⑸. 죽음은 신자를 시험에서 자유롭게 합니다. 비록 사탄이 이미 정복된 대적이라고는 할지라도, 그 대적은 여전히 가만히 있지 않는 대적입니다. "근신하라 깨어라 너희 대적 마귀가 우는 사자 같이 두루 다니며 삼킬 자를 찾나니."(벧전5:8) 그는 두루 다닌다. 즉, 그 대적은 항상 자기의 관구(Province)를 돌아봅니다. 자기의 올무와 화살을 가지고서 말입니다! 그 대적은 어떤 사람에게는 세상적인 부요함으로, 또 어떤 사람에게는 세상적인 아름다움으로 시험합니다. 사람이 끊임없는 시험들에 시달리는 것은 큰 문제입니다. 이것

은 처녀가 그 순결함을 매일 공격받는 것만큼이나 나쁜 것입니다. 그러나 죽음이 하나님의 자녀를 시험으로부터 자유롭게 함으로써, 그는 더 이상은 절대로 옛 뱀에 의해 곤란하게 되지 않을 것입니다! 죽음이 그 화살을 쏜 후에는, 마귀도 더 이상은 자신의 화살을 쏘지 않을 것입니다! 은혜는 신자를 마귀의 '소유'에서 벗어나게 하지만, 죽음은 신자를 마귀의 시험에서 자유롭게 합니다!

⑹. 죽음은 신자를 슬픔으로부터 자유롭게 합니다. 슬픔의 구름은 우리의 마음에 모여서, 눈물로 떨어지지요. "내 일생을 슬픔으로 보내며 나의 연수를 탄식으로 보냄이여."(시31:10) "네가 수고하고 자식을 낳을 것"(창3:16)이라는 말씀은 저주의 일부였습니다. 이 생에서는 수 많은 것들이 슬픔을 불러 일으킵니다. 질병, 고소, 친구의 배신, 희망의 좌절, 자산의 상실. "나를 (기쁨이라는 뜻의) 나오미라 부르지 말고 나를 (쓰다는 뜻의) 마라라 부르라 이는 전능자가 나를 심히 괴롭게 하셨음이니라."고 한 룻기 1장 20절 말씀처럼 말입니다.

슬픔은 우리를 사냥하는 악한 영입니다. "... 백성이 소리를 높여 운지라 그러므로 그 곳을 이름하여 보김이라 하고…."(삿2:4-5) 세상은 그야말로 '보김(우는 자들이라는 뜻의 히브리어)'입니다. 라헬은 그 자식을 위해 애곡했지요. 어떤 이들은 그들에게 자녀가 없다는 사실을 슬퍼하지만, 또 어떤 이들은 그들의 자녀가 무정(unkind)한 것으로 말미암아 울곤 합니다. 이와 같이 우리는 우리의 인생을 탄식으로 보냅니다. 세상은 눈물의 계곡입니다! 그러나 죽음은 우리의 모든 눈물의 장례식입니다! 그러므로 요한계시록 7장 17절에서는 "하나님께서 그들의 눈에서 모든 눈물을 씻어 주실 것임이라."고 했습니다. 그리스도의 신부는 그때에야 그녀의 상복을 벗습니다. "…혼인집 손님들이 신랑과 함께 있을 동안에 슬퍼할 수 있느냐?"(마9:15) 죽음은 신자들에게 안식(quietus)을 줍니다. 즉, 죄와 근심으로부터 자유롭게 하는 것입니다. 고린도전서 15장 26절은 그러므로 "맨 나중에 멸망 받을 원수는 사망이니라."고 했지요. 비록 사도는 죽음을 마지막 원수라 부르지만, 또한 최고의 친구이기도 합니다. 그런고로 "죽는 것도 유익함이라!"고 말한 것이지요.

참된 신자로서 기꺼이 죽음을 맞이하게 하는 것이 무엇인지 보십시오. 죽음은 그를 [슬픔의] 사정거리 밖으로 끌어내고, 죄와 근심으로부터 자유롭게 합니다. 눈물의 계곡을 떠나고, 죄와 비참함이 행해지는 무대를 떠나는데 눈물을 흘릴 이유가 없을 것입니다. 신자가 이곳에서 나그네일 뿐이라면, 그가 이곳을 기꺼이 떠나려 하지 않을 이유가 어디에 있겠는가? 죽음은 그들에게 채워진 죄의 족쇄를 부수고, 그들을 자유롭게 합니다! 감옥에서 해방될 때에 누가 슬퍼하며 울겠습니까?

우리의 죄를 차치하고서라도, 다른 이들의 죄가 [이 세상에 차고 넘칩니다]. 이 세상은 사단의 보좌가 있는 곳이며, 하나님이 매일같이 모욕을 받으시는 곳입니다. 어두운 밤 가운데 밝은 별과 같았던 롯은 "무법한 자들의 음란한 행실로 말미암아 고통 당하는 것"(벧후2:7)을 느꼈습니다. 하나님의 진리가 거짓에 뒤섞이고 그의 영광이 가려지는 것을 보는 일은, 그 경건한 사람의 마음에 상처를 입혔던 것입니다. 이것은 다윗으로 하여금 다음과 같이 외치도록 만들었던 것입니다. "메섹에 머물며 게달의 장막 중에 머무는 것이 내게 화로다."(시120:5) 게달은 이스마엘의 후손들이 거하던 아라비아를 말합니다. 그곳에 거하는 것은 다윗의 마음을 찌르는 것 같았습니다. 오, 그렇다면 기꺼이 게달의 장막에서 떠나고야 말 것입니다!

II. 신자의 몸은 무덤에서 그리스도와 연합되어 부활의 날까지 거기서 쉬게 됩니다. 데살로니가전서 4장 14절에서 그들은 예수 안에서 잔다고 했습니다. 티끌로 돌아간 신자의 몸은 그리스도의 신비한 몸의 일부입니다. 무덤은 성도에게 있어서 천사장의 나팔에 의해 일으켜질 때까지 그들의 육신이 편안하게 그리스도 안에서 잠자는 휴식처, 혹은 쉴 곳인 것입니다.

죽을 때 우리가 죄와 근심으로부터 자유롭게 되고 우리의 몸이 그리스도와 무덤에서 연합된다는 것을 어떻게 알 수 있을까요?

사도 바울은 다음과 같이 답합니다. "죽는 것도 내게 유익함이라." '내게', 즉 '참 신자인 내게'라는 말입니다. 우리도 그러한가요? 우리는 이 복된 믿음을 가지고 있는가요? 믿음은, 어디서든지 작동합니다. 보석상들은 값진 돌에는 어떤 감춰진 가치가 있다고 말합니다. 나는 믿음에 대해서도 마찬가지라고 말합니다. 즉, 그것에는 어떤 감춰진 가치가 있는 것입니다. 믿음은 영혼을 그리스도께 묶어 두는 닻줄과 같으며, 의롭게 하고 거룩하게 하는 가치가 있습니다. 이것은 그리스도의 옆구리에서 용서하게 하는 피와 정결케 하는 물을 터져 나오게 합니다. 믿음은 사랑으로 역사합니다. 그리고 믿음은 요구된 의무를 행하게 만듭니다. 또한, 믿음은 우리 머리로 그리스도를 배우게 하며, 혀로 그를 고백하도록 만들고, 손으로 그리스도를 위하여 일하게 합니다.

나는 세 아들을 둔 한 아버지에 관한 글을 읽은 적이 있습니다. 그는 병을 낫게 하는 능력이 있는 그의 보석 반지를 찾는 아들에게 그의 모든 재산을 남기기로 유언했고, 그 판단은 한 판사에게 맡겨졌습니다. 이에 두 명의 형들은 가짜 반지를 만들었습니다. 그러나 막내아들은 진짜 반지를 가져왔고, 그 능력에 의하여 검증되었습니다. 이로 인해 그의 아버지의 전 재산은 막내아들에게로 돌아갔지요. 나는 믿음이 이와 같다고 말하고 싶습니다. 세상에는 종종 모조품인 믿음이 있습니다. 하지만 만약에 마음을 정결케 하는 그 치유의 능력이 있는 믿음의 반지를 찾을 수 있다면, 그것이야말로 [우리로] 그리스도 안에 있는 구원의 유익을 얻게 하고, 죽을 때에 죄와 슬픔으로부터 자유케 되는 그 모든 특권에 대한 자격을 우리에게 부여하며, 우리의 몸을 그것이 무덤에 있는 동안에 그리스도와 연합케 하는 참된 믿음이라 할 수 있을 것입니다.

III. 죽을 때, 신자의 영혼은 영광으로 나아가게 됩니다. 죽음은 모든 악의 제거와 더불어서 모든 복의 성취를 가져다 줍니다! 죽음은 영원한 밝음의 여명이지요. 그곳에서 여러분은 비스가 산(Mt. Visgar) 꼭대기로 올라가서, 거룩한 땅의 대략을 볼 수가 있을 것입니다.

천상의 영광에는 무엇이 포함될까요?

보에티우스(Anicius Manlius Torquatus Severinus Boëthius, 480-524)는 "영광은, 모든 귀한 것들을 모아 완전하게 된 상태다."라고 했습니다. 그것은 불멸하는 영혼이 지닐 수 있는 모든 귀한 것들이 모이고 쌓여 이루어진, 완전하고 복된 상태입니다. 실로 나는 여기서 무슨 말을 더해야 할지 모르겠습니다. 왜냐하면, 내가 할 수 있는 모든 말이 천국 영광의 실재에는 미치지를 못하기 때문입니다. 아펠레스(Apelles, BC 352-308)의 펜도 이를 묘사할 수 없고, 천사의 혀라고 하더라도 이것을 표현해내지 못합니다! 우리는, 천국에 들어가기 전까지는 그 영광을 완전히 이해하지 못할 것이니, 나는 여기서 그저, 성도가 죽고 난 후에 이르게 되는 영광의 상태의 몇몇 그림자들과 불완전한 윤곽을 보여주도록 하겠습니다.

1. 천국에서 얻게 되는 영광의 가장 숭고하며 제일가는 부분은 하나님에 대한 충만하면서도 감미로운 소유(the full and sweet fruition)입니다. 우리는 천국의 행복을 고통과 비참함으로부터 자유로워지는 것으로 곧잘 생각하곤 합니다. 그러나 행복의 정수는 하나님을 즐거워하고 소유하는 것입니다. 하나님께서는 무한하고 마르지 않는 기쁨의 원천이시며, 그를 가지는 것은 모든 것을 가지는 것과 같습니다. 그처럼 하나님을 즐거워하는 것은 다음의 세 가지를 의미합니다.

⑴. 하나님을 즐거워하는 것은 우리가 하나님을 **보는 것**을 의미합니다. 이는 "그의 참모습 그대로 볼 것이기 때문이니,"(요일3:2) 우리가 어떻게 하나님을 보게 된다는 것일까요?

①. 우리는 이해력의 눈(the eyes of the mind)을 가지고서 그를 **지성적으로**(intellectually) 보게 될 것입니다. 목사들은 이것을 지복직관(beatific vision)이라고 부릅니다. 우리는 하나님에 대한 충만한 지

식을 가지게 될 것입니다. 물론 그렇다고 해서 그분에 대하여 완전하게 아는 것은 아니지만 말입니다. 그 때에 하나님의 모습은, 마치 어떤 왕이 그의 대관식에서 그 자신을 존귀하고 장엄하게 드러낼 때와 같이 매우 영광스러울 것입니다.

②. 우리는 예수 그리스도의 영화롭게 된 몸을 **육신적으로**(physically) 바라보게 될 것입니다. 해를 바라보는 것이 즐거운 일이라면, 말라기 4장 2절에 언급한바 "공의로운 해(Sun of righteousness)"를 바라보는 광경은 얼마나 복된 것이겠습니까! 우리와 같은 인간 본성을 입으신 채로 천사들 위에서 영광 가운데 좌정하신 그리스도를 바라보는 것은 얼마나 복된 것이겠습니까! 전도서 1장 8절에서 솔로몬은 말하기를 "눈은 보아도 족함이 없다"고 했습니다. 그러나 분명 성도들의 눈은 그리스도의 아름다운 몸으로부터 빛나는 그 아름다운 광휘를 바라봄으로써 비로소 만족하게 될 것입니다! 그리스도의 육신을 통해서 하나님의 신성의 광명과 광채가 영광스럽게 우리에게 나타날 것이기에, 그것은 분명 충분히 만족스러울 것입니다! 하나님의 탁월한 위엄이 우리를 압도하겠지만, 그리스도의 육신의 휘장을 통해서 우리는 그 신성의 영광을 비로소 바라보게 될 것입니다!

③. 하나님을 보게 된다는 것은 우리를 **변화시키는 것**(transforming)

을 말합니다. 그분을 보게 되면, 우리는 또한 어느 정도 그의 형상으로 동화되고 변화될 것입니다! "우리가 그와 같을 줄을 아는 것은 그의 참모습 그대로 볼 것이기 때문이니"(요일 3:2). 모세가 산 위에서 하나님과 함께 있었을 때 그의 영광을 그저 약간 불완전하게 바라봄에도 불구하고 그의 얼굴이 빛났다고 한다면, 하나님의 충만한 임재 가운데서 항상 있게 되어 그의 영광의 광채를 덧입게 되는 성도들의 그 영화롭게 된 얼굴은 얼마나 [더] 빛나겠습니까! '우리는 그와 같이 될 것입니다!' 흉하게 일그러진 어떤 이가 아름다움을 본다고 해서 아름다워지게 되는 것은 아닐 것입니다. 그러나 성도들은, 그 바라봄이 그들을 그와 같은 모습(his likeness)으로 변화시키는 것으로서, 그렇게 하나님을 보게 될 것입니다. 그러므로 시편 17편 15절은 "깰 때에 주의 형상(your likeness)으로 만족하리이다."라고 했습니다. 물론 성도들이 하나님의 본질에 참여한다는 것은 아닙니다. 불 가운데 있는 무쇠가 뜨겁게 달궈졌을지라도 여전히 무쇠로 남아 있는 것처럼, 성도들 역시도 하나님의 위엄을 바라봄으로써 영광스러운 피조물이 되기는 하지만 여전히 피조물일 뿐입니다.

④. 우리가 천국에서 하나님을 보게 되는 일에는 피곤함이 없을 것입니다. 사람은 이 세상에서 아무리 희귀한 광경을 본다고 하더라도, 이내 곧 싫증을 낼 것입니다. 마치 정원에 들어가 기분 좋은 산

128

책로와 예쁜 정자, 그리고 아름다운 꽃들을 보고서도 조금 후에는 피곤해하게 되는 것처럼 말입니다. 그러나 천국에서는 이와 같지 않습니다. 거기에서는 싫증이라는 것이 없습니다. 성도들은 하나님을 보는 것에 있어서 전혀 피곤함을 느끼지 않을 것인데, 왜냐하면 하나님께서는 무한하신 분으로서, 그분에게서 매 순간 새롭고 신선한 기쁨이 샘 솟아서 그들의 영혼에 스며들 것이기 때문입니다!

2. 하나님을 즐거워하는 것에 내포된 두 번째 의미는 **그를 사랑하는 것**입니다. 성도의 슬픔은, 그 마음이 얼어붙은 바다와 같아져서 더 이상 하나님을 향한 사랑으로 녹아내릴 수가 없게 되는 것에 있습니다. 그러나 천국에서 그는 거룩한 사랑으로 불타는 스랍(seraph)과 같이 될 것입니다! 사랑은 즐거운 감정입니다. 반면에 '두려움은 고통을 수반'합니다. 하지만 사랑은 그 안에 기쁨을 수반합니다. 아름다움을 사랑하는 것은 기쁜 일입니다. 하나님의 놀라운 아름다움은 성도의 사랑을 불러일으킬 것이며, 그를 사랑하는 것은 그들의 천국이 될 것입니다.

3. 하나님을 즐거워하는 것에 내포된 세 번째 의미는 **하나님께서 우리를 사랑하시는 것**입니다. 하나님께 영광이 있다고 하더라도 만약 [그분에게] 사랑이 없다면 천국에서의 기쁨들은 훨씬 가려질 것입니다. 그러나 "하나님은 사랑이심이라."(요일 4:8,16)고 했습니

다. 영화롭게 된 성도들이라고 하더라도, 그들은 하나님께서 그들을 사랑하시는 것만큼 하나님을 사랑할 수가 없습니다. 하나님의 사랑에 비하면, 그들의 사랑이 대체 무엇이란 말입니까? [하나님의 사랑이라는] 태양에 비하면, [우리의 사랑이라는 한낱] 촛불이 아니고 무엇이겠습니까? 하나님께서는 이 땅의 그의 백성들이 그들의 죄와 불완전함으로 검게 되었을 때에도 그들을 사랑하십니다. 아! 그렇다면, 그들이 "티나 주름 잡힌 것이나 이런 것들이 없이 거룩하고 흠이 없게"(엡 5:27) 될 때에는 얼마나 온전하게 그들을 사랑하시겠습니까!

"너를 헵시바라 하며……이는 여호와께서 너를 기뻐하실 것이며…."(사 62:4) 이것이 곧 천국의 기쁨입니다. 즉, 하나님의 사랑의 달콤한 품에 안기는 것, 다시 말해 영광의 왕의 기쁨 안에 있는 것이며, 또한 하나님의 얼굴 빛으로 우리가 비췸을 받는 것입니다. 그때에 성도는, 지식에 넘치는 그리스도의 사랑(엡 3:18)을 알게 될 것입니다. 하나님의 사랑의 이 영광스러운 나타남으로부터 한량없는 즐거움이 흘러나와서, 복 있는 자들의 영혼에 [부어지게] 될 것입니다. 그러므로 천국은 마태복음 25장 23절에 이른바 "주인의 즐거움에 참여하는 것"이라 일컬어집니다.

①. 하나님을 보는 것(seeing), 하나님을 사랑하는 것(loving), 그리

고 하나님으로부터 사랑을 받는 것(being loved)은 영혼의 큰 기쁨 (jubilation)을 불러일으키며, 성도 안에 이루 형언할 수 없고 영광으로 가득 찬 거룩한 기쁨의 환희를 자아냅니다! 그 때문에 어거스틴 (Sanctus Aurelius Augustinus Hipponensis, 354-430)은 "하나님께는 영혼을 기쁘게 하는, 아니 더 정확히 말하면, 황홀하게 만드는 어떤 달콤함이 있다."고 했습니다.

이 땅에서 성도들은, 그들의 세월을 한숨으로 보냅니다. 즉, 그들의 죄와 고통으로 슬퍼하는 것입니다. [그러나] 천국의 영광 가운데, 그들의 눈물은 포도주로 변할 것입니다. 그들의 슬픔은 기쁨으로 바뀔 것이며, 자비의 그릇[인 그들은] 기쁨으로 차고 넘칠 것입니다. 요한계시록 14장 2절에 기록한바, 그들은 그들의 승리와 기쁨의 표시로서, 그들의 손에 종려나무 가지들과 수금을 쥐게 될 것입니다.

② 천국에서 얻게 되는 두 번째 영광은 [그곳에서 가지게 되는] 선한 **교제**(society)입니다. 그곳에는 천사들이 있고, 모든 별이 빛을 더할 것입니다. 복된 스랍들은 우리를 낙원으로 환영할 것입니다. 천사들이 택자의 회심에 그토록 기뻐했다면, 그들의 대관식에서는 얼마나 더 기뻐하겠습니까! 그곳에는 성도들의 무리, 곧 "온전하게 된 의인의 영들"도 있습니다.

그런데, 영광 가운데 있는 성도들이 서로를 과연 알아볼 수 있을까요?

그들은 분명히 서로를 알아볼 것입니다. 왜냐하면, 천국에서 우리의 지식은 [일부가 삭제되어] 줄어드는 것이 아니라 오히려 증가할 것이기 때문입니다. 우리는 우리의 거룩한 친구들과 친족들만을 알아보는 것이 아니라, 우리가 이전에 본 적이 없는 영화롭게 된 성도들 역시도 알아볼 것입니다! 반드시 그럴 것입니다! 왜냐하면, 일면식도 없는 교제는 불편할 것이기 때문입니다. 실제로 성경은 우리에게 이 사실을 암시해 주고 있는 것으로 보입니다. 왜냐하면, 변화산에서 베드로가 그의 생전에 본 적도 없는 모세와 엘리야를 알아보았다면, 천국에서는 더욱 분명히 성도들이 서로를 알아보고, 서로 간의 사귐 가운데서 끝없이 기뻐할 것이기 때문입니다!

③. 천국에서 얻게 되는 세 번째의 영광은 **거룩함에 있어서 완전해지는 것**(perfection in holiness)입니다. 거룩함이란 하나님과 천사들의 아름다움으로서, 천국을 구성하는 것입니다. 행복이 무엇입니까? 거룩함의 본질 아니겠습니까? 이곳 지상에서 그리스도인이 받은 은혜는 [어떠한 의미에서] 불완전한 것입니다. 하지만 죽을 때에 신자들은 비로소 은혜의 완전함에 이르게 될 것입니다. 그때에 [은혜라고 하는] 이 태양은 정오의 밝음으로 빛날 것입니다! 그때에 신

자들은 은혜가 더하여지기를 구하지 않아도 될 것입니다. 왜냐하면, 그들은 천사들과 같을 것이기 때문입니다. 그들의 빛은 밝게 빛날 것이고 그들의 기쁨은 가득히 충만하게 될 것입니다.

④. 천국에서 얻게 되는 네 번째의 영광은 **위엄**(dignity)과 **영예**(honor)입니다. 요한계시록 7장 9절에 의하면, 영화롭게 된 성도들은 왕처럼 다스릴 것이기에, 흰 옷과 면류관이라고 하는 고귀한 훈장을 받게 될 것입니다. 카이사르가 승리를 거둔 후에, 영예의 표시로서 원로원에서는 그를 위한 상아로 된 의자가, 극장에는 왕좌가 마련되었다고 합니다. 마치 이처럼, 성도들은 죄와 사탄에 대하여 승리를 거둔 후에 천상에서 그리스도와 함께 보좌에 앉게 될 것입니다. 그리스도와 함께 앉는다는 것은 안전함을 의미하고, 보좌에 앉는다는 것은 위엄을 의미합니다. '모든 성도가 이러한 영예를 갖는다.'는 것입니다.

⑤. 천국에서 얻게 되는 다섯 번째의 영광은 천국의 거민들 사이에 있는 **화합**(harmony)과 **하나 됨**(union)입니다. 악마는 발굽 갈라진 그의 발을 절대로 천국에 들여놓을 수가 없습니다! 그는 그곳에서 어떠한 다툼의 소용돌이도 불러일으킬 수가 없습니다. 그곳에는 완전한 하나 됨이 있을 것이며, 천국의 음악 속에는 조율이 엇나간 줄이라고는 없을 것입니다! 문제를 일으킬만한 어떤 것도, 자존심이

나 질투도 그곳에는 없습니다. 비록 별들이 [그 빛의 크기에 있어서 서로 다른 것과 같이] 어떤 사람이 더 큰 수준의 영광을 소유할 수 있겠지만, 그러나 모든 그릇이 다 충만할 것입니다. 그곳에서 성도들과 천사들은 사랑과 하나됨 속에 감람나무처럼 아버지의 식탁에 둘러앉게 될 것(시 128:3)입니다. 그때에 그들은 일제히 함께 소리를 맞추게 될 것이며, 우렁찬 찬양의 송가가 천상의 합창 소리로 울려 퍼지게 될 것입니다!

⑥. 천국에서 얻게 되는 여섯 번째의 영광은 복된 안식(a blessed rest)입니다. "그런즉 안식할 때가 하나님의 백성에게 남아 있도다."(히 4:9) 이것은 수고에서 안식으로의 행복한 전환을 말합니다. 이곳 지상에서 우리는 바다 위에 떠다니는 공처럼 이리저리 떠밀리고 뒤집히며, 쉴 수가 없습니다. 고린도후서 4장 8절에 이른 것처럼, "우리는 사방으로 우겨 쌈을"당하는 것입니다. 폭풍 가운데에 있는 배가 어떻게 안식할 수 있겠습니까? 그러나 죽음 이후에 성도는 그들의 천국에 입항하게 되고, 그 중심에서는 모든 것들이 잔잔하여질 것입니다. 그리스도인들은 그들의 힘겨운 행군과 전투를 마친 후에, 그 피 묻은 갑주를 벗고서 향기로운 화단과 같은 예수의 품 안에서 안식하게 될 것입니다! 죽음이 성도에게 비둘기의 날개를 줄 때, 그들은 낙원으로 날아가서 비로소 안식에 들 것입니다!

㉑. 천국에서 얻게 되는 일곱 번째의 영광은 그 **영원함**(eternity)입니다. 고린도후서 4장 17절에서는 "영원한 영광의 중한 것."이라고 했는데, 영광은 무거움입니다. 히브리어로 영광을 뜻하는 단어는 무거움이라는 의미를 지니고 있습니다. 그러므로 하나님께서는 우리가 이것을 감당할 수 있게 하셔야만 합니다. 즉, 영원한 무거움을 감당할 수 있도록 하셔야 한다는 말입니다. 영광은 벌레들이 좀먹지 않는 영원한 만나와 같습니다. 만일에 천국에서의 성도들의 영광이 잠시뿐이라고 한다면, 다시 말해 그것을 잃을까 봐서 조마조마해야만 한다면, 천국의 기쁨은 가려지고 씁쓸하게 되었을 것입니다. 그러나 그 기쁨 위에는 영원함이 씌워져 있습니다. 낙원의 꽃들로 만들어진 화환은 영원히 시들지 않을 것입니다.

나는 '날의 강(Day-river)'이라 불리는 어떤 강에 대한 글을 읽어본 적이 있습니다. 그 강은 낮 동안에는 엄청난 급류를 이루어 흐르지만, 죽음의 밤에는 바짝 말라버린다고 합니다. 하지만 영화롭게 된 성도들은 그와 다르게 마르지 않는 기쁨의 강물을 마시게 될 것입니다. 영원함은 하늘들 가운데 하늘입니다! 버나드가 "마침내, 우리들의 즐거움은 영원히 끝나지 않을 것이다."라고 기록한 것처럼, 천국의 즐거움은 흘러넘칠 뿐만 아니라, 영원히 지속됩니다! 시편 16편 11절에 "주께서 생명의 길을 내게 보이시리니 주의 앞에는 충만한 기쁨이 있고 주의 오른쪽에는 영원한 즐거움이 있나이다."라고 분명하게 기록한 것처럼 말입니다.

그렇다면 신자들은 죽음 이후로 **언제** 영광을 소유하게 될까요?

그들은 죽음을 통과하게 될 때, 그 즉시 영광으로 들어가게 됩니다. 로마 사람들은 그들 가운데 어떤 위대한 사람이 죽으면, 독수리한 마리를 풀어주어 공중으로 날아가게 함으로써 그 영혼이 불멸하며 육신과 함께 죽지 않음을 보여주었다고 합니다. 마태복음 10장 28절에서 그리스도께서는 영혼은 죽일 수 없으며, 따라서 죽지 않는다고 말씀하셨습니다. 또한, 영혼은 죽지 않을 뿐만 아니라, 육신 가운데서 한동안 잠을 자게 되는 것도 아닙니다. 고린도후서 5장 8절에서 말하는 바와 같이, 영혼이 죽을 때에 육신에서 떠난다고 한다면, 그 영혼은 육신 안에서 잠들어 있을 수가 없습니다. 그런즉 죽음에서 영광으로의 즉각적인 전환(immediate passage)이 있는 것입니다. 우리가 하나님을 보게 도는 것은 "눈 깜짝할 사이"(고전 15:51, 흠정역)입니다. "오늘 네가 나와 함께 낙원에 있으리라."(눅 23:43)는 말씀처럼 말입니다. 낙원은 천국을 말하는데, 곧 바울이 이끌려 간 셋째 하늘입니다(고후 12:2,4). 그리스도께서는 강도에게 십자가에서 "오늘 네가 나와 함께 낙원에 있으리라"라고 말씀하셨습니다. 그의 몸은 거기 십자가에 머물러 있을 수 없었는데, 왜냐하면 그 몸은 무덤에 안치되었기 때문입니다. 그런즉 이것은 다만 그의 영혼에 대하여 하신 말씀으로서, 그 영혼이 죽음 이후에 즉시로 천국에 있게 되리라는 말씀인 것입니다. 연옥(Purgatorium)에 대한 헛된 말은 하지 말도록 하십시오. 그리스도의 피로 정결케 된 영혼은 연옥의 불이 필요 없으며, 임종에서 곧바로 영화롭게 된 상태(glorification. 곧, non posse peccare)에 들어가게 될 뿐입니다.

적용 1. 죽음이 그와 같은 영광스러운 유익을 가져다주기에, 신자들이 얼마나 죽음을 두려워 할 필요가 없는지를 보시기 바랍니다. 성도가 그 자신의 행복을 왜 두려워해야 하겠습니까? 하나님을 보게 되며, 그를 사랑하고 그 거룩한 사랑의 품에 영원히 안기는 것은 복된 일이 아닙니까? 천국에서 우리의 거룩한 형제들을 만나는 것은 복된 일이 아닌가 말입니다? 무슨 이유로 성도가 그 자신의 복 받는 것을 두려워해야 하겠습니까? 처녀가 왕과 혼인하기를 두려워하겠습니까?

현재 우리는 혼인 계약만 했을 뿐입니다. 하지만 죽을 때에는 어린양의 혼인 잔치가 있습니다(계 19:9)! 죽음은 우리에게 어떠한 해도 끼치지 않습니다. 그것은 다만 우리를 불 뱀들로부터 건져내어 천사들 사이에 둘 뿐이며, 우리로 불멸의 옷을 입혀줄 뿐입니다! 상복을 벗게 하고 궁중의 의복을 입히는 자가 잘못을 저지르는 것이겠습니까? 죽는 것을 두려워하지 말아야 할 것이니, 죽지 않고서는 진정 살 수 없습니다.

적용 2. 믿음으로 그 마음이 정결하게 된 참된 성도인 여러분은, 그리스도로 말미암아 죽을 때 가지게 되는 영광스러운 유익들에 대하여 생각하는 데에 많은 시간들을 사용해야만 합니다. 그렇게 함으로써, 여러분은 묵상하는 삶으로 인하여 이곳 지상에 있는 동안에도 천사들의 삶을 살기 시작하게 되며, 천국에 도착하기도 전에 이미 거기에 있는 것처럼 되는 것입니다. 에우독소스(Eudoxus, BC 390-BC 340)는 태양의 찬란함에 깊이 감명을 받아서, 자신이 오직 그것을 목도하기 위해 태어났다고 생각했다고 합니다. 하물며 우리가 무엇을 묵상해야 하겠습니까? 우리가 하나님을 대면하여 볼 때의 천상의 영광 외에는 없습니다! 다윗은 일반적인 사람들보다도 높은 경지에 있었는데, 특히나 다음과 같이 말했을 때에 최고 경지에 있었습니다. "내가 항상 주와 함께 하니……하늘에서는 주 외에 누가 내게 있으리요 땅에서는 주 밖에 내가 사모할 이 없나이다 내 육체와 마음은 쇠약하나 하나님은 내 마음의 반석이시요 영원한 분깃이시라."(시 73:22, 25-26)

참된 성도는 매일 천국을 산책합니다. 그 생각과 소망은 마치 그룹들처럼 낙원으로 날아가 있습니다. 세상 사람들은 황금으로 가득한 배낭과 곡식이 무르익은 밭을 바라보고서 기뻐하지 않던가요?

그렇다면, 천국의 상속자들은 천국의 영광을 묵상함 가운데서 더욱 큰 기쁨을 취해야 하지 않겠습니까? 믿음을 마치 한 정탐꾼처럼 내보내어 매일 같이 저 위의 예루살렘의 영광을 바라보게 할 수만 있다면, 그것이 얼마나 우리에게 큰 기쁨이 되겠습니까? 곧 그 손에 주어질 풍성한 유업을 생각하는 상속자와 같지 않겠습니까!

적용 3. 죽음은 두 가지 경우에 있어서 성도에게 위로를 줍니다.

(1). 궁핍 가운데 있을 때입니다. 그들에게는 궁핍만이 넘쳐납니다. 찬장의 음식은 거의 다 소진되었습니다. 그러나 끝까지 견디십시오. 그러면 여러분의 모든 필요는 충족될 것입니다. 여러분은 나라를 얻고, 천국이 해 줄 수 있는 만큼 부요해질 것입니다! 몇 년 후면 풍성한 자산을 가질 것이라는 약속을 가진 이는, 비록 현재는 아무 것도 가진 것이 없을지라도, 곧 있으면 부요한 자산이 자기 손에 들어올 것이라는 사실로 인해 스스로를 위로할 수 있습니다. "장래에 어떻게 될지는 아직 나타나지 아니하였으나."(요일 3:2) 우리는 영광스럽게 낙원에 들어가게 될 것(emparadised with glory)이요, 천사들과 같이 부요해질 것입니다.

(2). 고난 가운데 있을 때입니다. 참된 성도는, 루터(Martin Luther, 1483-1546)가 말한 바와 같이, "십자가의 상속자"입니다. 위대한 것

들이 우리를 위하여 예비되어 있고, 한 번도 본 적이 없는 영광이 장차 이를 것이며, 천국에서 포도나무 열매를 마시게 될 것입니다. 이를 아는 것은 우리로 하여금 우리 고난을 기쁨으로(cheerfully) 헤쳐 나가게 할 것입니다. 비록 현재에 우리는 쑥이 든 잔(wormwood)을 들고 있지만, 이를 달콤하게 만들어 줄 설탕이 예비되어 있습니다. 우리는 곧 우리의 믿음을 초월하는 낙원의 그러한 기쁨들을 맛보게 될 것이며, 그 기쁨은 이루 다 표현할 수 없을 것입니다!

du 13 juillet 1793
Corday au citoyen
Marat.
il suffit que je sois
bien malheureuse
pour avoir Droit
a votre bienveillance.

À MARAT.
DAVID.

신앙의 부흥

Revivals of Religion

by Samuel Miller(1769-1850)

번역: 장대선

그리스도인 형제들이여, 진정한 그리스도인이라면 신앙의 부흥에 대하여 읽거나 들을 때, 기쁨으로 그의 가슴이 울리고 감명을 받습니다. 그리스도의 친구라면 누구든지 성령께서 크게 부어지시어 하나님의 백성에 대한 은혜가 되살아난다는 소식을 들었을 때 본능적으로 기뻐할 것입니다. 많은 사람들이 구원을 받기 위하여 무엇을 해야만 하는지를 근심하며 물으며, 또한 많은 이들이 은혜로 인해 좋은 희망을 품고 기뻐하게 될 것입니다. 장로교회가 모든 지역에서 진정한 신앙의 부흥을 경험하며, 그 능력이 점점 더 강해지기를 바랍니다. 그리고 교회를 사랑하는 목사와 교인들로 인하여 교회가 오래도록 축복을 받기를 바랍니다. 그들은 그들을 위해 끊임없이 기도하며, 성경이 보증하고 교회의 위대한 머리이신 그리스도께서 그들을 증진시키기 위한 것으로 늘 인정하시고 축복하시는 수단들을 습관적으로 그리고 충실하게 사용하기를 바랍니다!

이 주제는 현재 시점에서 저에게 특히나 흥미로운 측면을 보여주고 있으며, 미래와 가장 중요한 연관성을 가지고 있는 것으로 보입니다. 최근 몇 년 동안에 미국 거의 모든 지역의 교회들에서 일어난 부흥의 빈도, 그 힘, 그리고 그 소중한 결과들은 지적인 기독교인들의 마음을 기쁨으로 가득 채우지 않을 수 없으며, 이는 시온을 축복할 때가 올 때 세계의 회개가 얼마나 빠르게 진행될 것인지에 대한 매우 고무적인 예고를 제공할 것입니다. 그리고 이는 교회의 머리이신 그리스도께서 인간의 지혜로는 해결하기 어려운 문제를 얼마나 쉽게 해결하실 수 있는지에 대한 만족스러운 약속이기도 합니다. 국내와 국외 모두에서의 영적인 일꾼들에 대한 긴급하고 증가하는 수요를 충족시키기 위하여 어떻게 목회사역을 위한 후보자들의 수가 그처럼 급속하게 늘어날 수 있었을까요? 우리가 볼 수 있었던 이러한 부흥이 더욱 강력하고 광범위하게 일어나서 해마다 교회들을 방문하고, 또한 모든 영역들을 채우게 된다면, 그 일은 이루어지게 될 것입니다. 주님의 지식과 영광은, 우리가 기적이라 부르는 것의 개입이 없이도 머지않아 지구를 가득 채울 것입니다. 그리고 모든 곳에서 해가 뜨는 데서 해가 지는 데까지 복음을 전할 후보자들이 일어나, 그리스도를 위해 모든 것들을 바치고, 또한 희생하겠다는 겸손한 마음으로 "저희가 여기 있습니다. 저희를 보내주십시오."라고 말할 것입니다. 저는 이러한 부흥이 교회와 세상의 희망이라는 확신을 기록하지 않을 수 없습니다. 달리 말하자면, 천년기(the millennium)는 가장 독실하고 현명한 예언의 해석자들이 생각했던 것보다도 훨씬 더 먼 미래에 다가올 것이니, 그렇지 않다면 이교도들, 그리고 멀리 떨어진 모든 민족의 개종이 지금까지 이뤄져 온 것보다 훨씬 더 빠른 속도로 진행되어야 할 것입니다. 저는 후자의 대안을 채택할 의향이 있습니다. 그리고 당연히, 교회가 현재의 세대나 다른 어떤 세대도 목격하지 못했던 훨씬 더 광범위하고, 더욱 강력하며, 더욱더 영광스러운 신앙의 부흥을 기대하고 기도하는 것이 마땅하다고 믿습니다.

이것이 제 개인적인 소견입니다. 오늘날에 위대한 일(great things)[즉, 위대한 부흥]을 기대하는 것이 신앙을 고백하는 모든 그리스도인들의 의무라는 사실을 나는 의심할 여지가 없습니다. 하나님께 위대한 일을 요청하십시오! 또한, 하나님의 영이신 분께서 허락하시고 그분의 축복으로 약속하신 모든 수단들을 더욱더 부지런히 활용하여, 부흥의 길 가운데서 위대한 일을 이루도록 하십시오. 그들은 인간사의 새로운 요구와 새로운 시대의 도래를 상징하는 신성한 진취성에 따라, 어버이로서의 보살핌과 근면을 강화하고, 목회적인 충실함을 증진하며, 그리스도인들이 각자의 개인적인 영역에서 더욱 교훈적인 모범과 지칠 줄 모르는 활동을 통하여서, 이전보다 더욱 겸손하고 끈기 있게, 그리고 꾸준히 기도하고, 또한, 세상의 개혁과 회심을 목표로 하는 모든 연합을 유지하고 확대하기 위하여 더욱 노력해야 하며, 이 모든 수단들을 통하여서, 하루 만에라도 여러 나라가 탄생하고, 수많은 사람이 구름처럼, 비둘기처럼 구원의 안전한 방주로 모여들며, 의로 개종하는 사람들이 아침 이슬방울처럼 많아지는 그러한 시대의 도래를 앞당기기 위하여 노력해야 합니다. 내 견해는 모든 신앙을 고백하는 그리스도인들은 자신이 신앙의 부흥과 구세주의 왕국이 확장되는 것을 얼마나 갈망하고, 기도하며, 노력하는지를 숙고하여야 한다는 것인데, 이는 자신의 경건을 시험하는 가장 확실하고 틀림없는 기준 가운데 하나가 될 것입니다. 종교를 공언하는 자이면서도 이러한 위대한 관심사에 대하여 별로 열의를 보이지 않는 사람을 내게 보여주신다면, 나는 그 사람이 자신에 대하여 의심할 만한 큰 이유가 있으며, 자신이 과연 주님의 편에 서 있는지를 다시 한번 신중하게 살펴봐야 할 필요가 있음을 보여주겠습니다.

그러므로 이 위대한 주제의 말로 다 표현할 수 없는 중요성을 고려할 때에, 모든 기독교인들에게 단순히 부흥을 바라는 것뿐만이 아니라, 부흥을 촉진하는 데에 적극적으로 참여해야 할 의무가 있음을 인식해야 합니다. 나는 이 주제와 관련된 몇 가지 사항들에 대한 일반적인 의견들을 제시하고자 합니다. 또한, 나는 모든 사람들이 신성한 땅에 발을 내딛을 때에 마땅히 해야 할 모든 주의와 경건함을 가지고서 이 일을 수행해주기를 바랍니다.

I. 제가 가장 먼저 말씀드리고 싶은 것은, 우리가 허위적인 부흥(SPURIOUS REVIVALS)을 경계하는 것이 무엇보다 중요하다는 것입니다.

만일에 내가 진정한 종교의 부흥이 거짓 부흥과 어떻게 다른지 구분지어야 한다면, 나는 그 차이를 다음과 같이 구분할 것인데, 그것은 진정한 부흥은 복음의 진리가 진실되게 전달되고, 성령의 능력으로 적용되는 때에 발생한다는 것입니다. 그리고 진리에 대한 생각이 아니라 다른 수단으로 인하여 발생하는 모든 고도의 종교적 흥분 혹은 소동이 바로 열광주의의 본질(the essence of fanaticism)이라는 것입니다. 그것은 진정한 부흥을 훼손하기 위하여 조작된 것이며, 하나님의 교회에 축복이 아니라 재앙을 내리려는 의도로 만들어진 가짜 역사입니다. 그리고 그것이 더욱 확장되고 강력하게 이뤄진다고 하더라도, 물론 그것은 더욱더 비난을 받아야 할 것입니다.

사실, 모인 군중의 동물적 감정을, 단순한 공포, 동정, 열정적인 연

146

설, 아름다운 음악 등, 복음의 진리가 제시되지 않고 영향을 미치지도 않는 가운데서의 다양한 수단들로 자극하는 것은 드문 일도 아니고 어려운 일도 아닙니다. 인간의 본성이 얼마나 놀랍고 경이롭게 만들어진 기계와도 같은 것인지, 특별히 그러한 본성에 따른 신경 체계와 감정의 전달이 얼마나 강렬하고 다양한 영향에 취약한지를 알고 있는 사람이라면, 비록 완전히 설명할 수는 없다고 하더라도, 약간의 교묘한 조장을 통하여서도 왜 그처럼 강력한 효과가 발휘되는가 하고 놀라지 않을 것입니다. 자신들을 기독교인이라 부르는, 널리 알려진 광신적인 유니테리언들(fanatical Unitarians)[1]이 강렬한 성격의 부흥회와 '열망의 자리(anxious seats)'[2], 그리고 대중들에게 강렬한 인상을 심어주기 위하여 이제껏 예배에 채택된 것들 가운데 가장 인상적이고 흥미로운 수단들을 모두 지니고 있다는

1　유니테리언은 18세기 등장하였는데, 폴란드의 신학자 파우스토 소치니(Fausto Paolo Sozzini, 1539-1604)에게 영향을 받아 형성되었다. 이신론(deism 즉, 자연신론)의 영향을 받은 반삼위일체론 계통의 이단이다. 이들은 단일신론을 주장하여 예수를 성부 하나님과 동일한 하나님으로 인정하고 믿지 않기 때문에, 삼위일체 신앙을 갖고 있는 주류 기독교와는 전혀 다르다. 의외로 미국 역사에 많은 영향을 끼쳤는데 역대 미국 대통령 가운데 4명 이상이 유니테리언이었고 초창기 미국 대통령 중 상당수가 이신론자였다. (역자 주)

2　주로 미국의 북대서양 연안에 있는 주들과 남부 및 남부 중부의 부흥 집회에서 양심에 괴로움을 느끼고 영적인 도움을 간절히 원하는 사람들을 위하여 부흥 집회에 마련된 좌석을 가리키며, '열망의 장의자(anxious bench)'라고도 불린다. (역자 주)

것을 모르는 사람이 있을까요? 아니, 그 종파의 가장 활동적이고도 교묘한 지도자들 가운데 한 명이 자신의 노래만으로 적어도 50명 이상의 사람들을 '열망의 자리'로 이끌었다고 자랑했는데, 실제로 그 노래는 놀라울 정도로 감동적이고 강력했습니다. 이러한 것들이 부흥이라는 명칭에 치욕을 안기는 것이라는 점은 말할 필요가 없을 것입니다. 그러한 것들은 단지 동물적 흥분(animal excitement)의 열매일 뿐입니다. 그리고 구세주의 왕국을 사랑하는 모든 깨달은 친구들이라면, 그러한 것들의 성격과 성향에 대하여 탄식해야 마땅합니다.

그러므로 단순히 많은 사람들의 동물적인 감정이 자극되고 흥분되는 것, 그리고 자연의 단순한 원리가 호소되어 강력한 행동을 수반하는 것이 진정한 종교의 부흥을 구성하는 것이 아닙니다. 왜냐하면, 복음의 근본적인 교리들(the fundamental doctrines of the Gospel)을 받아들이고 사랑하지 않고서는 어떤 개인의 마음에도 진정한 경건이 있을 수 없기 때문입니다. 따라서 우리는 모든 종교적인 열정들이 부흥이라 주장할 때, 순수한 복음의 진리가 얼마나 제시되고 받아들여지며 순종하게 되는지에 따라서 그 진정한 성격을 판단해야만 합니다. 아무리 그 자극(the excitement)이 광범위하고 강력하다고 하더라도, 그것은 반드시 다음과 같이 명백하고 공정하며 결정적인 시험을 거쳐야 합니다. ①. 그것이 분명하고 충실하게 제시된 진리에 대한 축복으로 생긴 것인가? ②. 그것이 진리에 의하여 철저히 규정되었(regulated)는가? ③. 그리고 그것이 표명한 주제들이 복음의 진리에 대한 일반적이고 진심 어린 사랑을 나타내는 것인가? ④. 하나님의 성품, 그분의 거룩한 법, 죄, 받아들여지는 근거, 그리고 그리스도인의 소망에 대한 그들의 견해-완벽하다고는 말할 수 없지만-가 대체로 그러한 중요한 주제에 대한 성경의 견해들과 일치하는가? 하는 것입니다. 만일에 그러하다면, 우리는 이 일을 기쁨으로 환영할 수 있을 것이며, 이 일을 시작하고 방향을 제시하는 데 기여한 이들에게 행운을 기원할 수가 있을 것입니다. 만일에 그 주제가 열망의 이유, 혹은 그들 안에 있는 희망을 설명할 때에, 성경적인 진리의 관점에서 양심과 마음에 호소하는 것으로 보인다면, 만일에 그들의 고통, 혹은 그들의 평화에 대하여 설명할 때에, 그들에 대한 견해, 구주에 대한 견해, 그리고 하나님에 대한 그리스도인의 확신에 대한 견해가 본질적으로 성경이 인정하는 바와 같다는 것을 나타내 보인다면, 그리고 만일에 그들이 거룩한 삶의 열매를 분명하게 맺는다면-우리는 그러한 부흥을 하나님의 역사라고 불러야만 합니다-, 그것에 대하여 하나님께 감사하고, 풍성한 축복으로 기뻐해야 합니다. 그러나 만일에 어떤 강력한 흥분으로, 동물적인 감정에 호소하여, 대규모의 집회 가운데서 수백 명, 혹은 수천 명의 신경 체계를 자극하여서, 그들을 울게 만들고, 공포로 소리치게 하며, 땅에 엎드리게 하고, 집안을 울음과 신음으로 가득 채울 수 있을지라도, 만일 이것이 전부라면, 우리는 그것을 거짓된 사역이며, 열광주의의 산출물(the product of fanaticism)일 뿐 성령의 산출물이 아니라고 선언해야만 할 것입니다.

나의 그리스도인 형제 여러분, 나는 이것이 일반적으로 생각하는 것보다 훨씬 더 실제적인 중요성의 특징이라고 확신합니다. 거짓된 부흥이 하나님의 교회에 아무런 도움이 되지 않는다고 말하는 것은 진리에 대하여 작은 부분만을 표현하는 것에 불과합니다. 그것들은 어떠한 교회에 대해서나 끔찍한 저주일 뿐입니다. 그것들은 가장 해로운 영향을 끼칩니다. 그것들은 사람의 영혼을 속이고 파괴합니다. 그것들은 세속적인 자와 믿지 않는 자들을 열 배나 더 완고하게 만듭니다. 그것들은 지나온 나라를 메마른 황무지로 만들어 버렸으니, 마치 맹렬한 불이 휩쓸고 지나간 것처럼, 모든 것을 암울한 황무지로 만들어 버렸습니다. 나는 여러 차례 강렬하고 광범위한 종교적 열정을 목격했지만, 이는 분명히 동물적인 감정과 동정심에 대한 강력한 호소로 인하여 발생한 것이었을 뿐, 복음 진리에 대한 적절한 제시는 없었습니다. 그 효과는 실제로 설득력 있었으며, 대중에게 깊은 인상을 남기도록 적절하게 조정되었습니다. 그것들은 매우 깊은 인상을 남겼으며, 종교의 영광스러운 부흥으로 널리 선전되었습니다. 그러나 몇 달 후에, 이러한 자극적인 흥분의 진짜 성격이 고통스럽게 드러나고 말았습니다. 대부분의 경우에 있어서, 아침 구름과 이른 이슬과도 같은 인상은, 곧 완전하게 사라져 버리고 말았던 것입니다. 반면에, 오랜 후에 공개적으로 신앙을 고백한 소수의 사람들과 첫 신앙 생활의 열정 속에서 성직자 후보로 자신을 내세웠지만 그들의 경솔함, 무지, 비판적 태도, 그리고 높은 성취를 주장하는 태도의 불행한 조합으로 인하여, 그런 것들로 교회를 아름답게 하거나 교화하기에 적합하게 되려면 더욱 새로운 회개가 필요하다는 사실이 곧바로 명백하게 드러났습니다.

나는 과거에 어떤 목사님을 알게 되었는데, 그분은 자신의 목회적 보살핌을 받는 교회에서 종교 부흥을 일으키기 위하여 지칠 줄 모르고, 의심할 여지가 없이 정직한 노력을 기울이는 분이었습니다. 이후로 그는 다양한 수단을 동원하고 그 가운데서도 가장 흥미진진하고 충격적인 방법을 사용한 끝에 강렬한 인상을 남긴 저녁 예배가 엄숙하게 끝난 이후에, 자신의 회의실에 스스로 걱정과 호기심을 가지게 된 많은 사람들을 모으는 데 성공했습니다. 그곳에서 그는 그들을 만나서 그들에게 그들의 본성적인 죄와 고통에 대하여, 그리스도에 대하여, 하나님과의 화해를 위한 복음의 계획에 대하여, 복음적인 믿음과 회개의 본질에 대하여, 또는 성령의 사역이 모든 영적 생명의 근원이라는 것에 대하여서는 단 한 마디도 하지를 않고, 오히려 하나님을 위하여 결심하는 것에 대하여서 그들에게 말했는데, 그들에게 하나님께 복종하기로 결심할 수 없겠느냐고 물으면서, 자기 스스로의 마음으로 하나님을 섬기겠다고 결심하는 것이 거듭남이며, 그리스도인이 되는 것이라고 확신시켰습니다. 그들은 거의 모두 한목소리로 희망하는 사람들에게 배정된 자리에 앉았고, 또한 부름을 받고, 아울러서 자신들이 개종자라고 생각하며 그 방에서 나왔습니다. 그리고 그들 대부분이 그 즉시 교회로 인도되었습니다. 하지만 지적인 그리스도인들의 평가에 따르면, 그들 중 대부분은 자신이 무엇을 하고 있는지 알지 못하거나, 확실하고 진정한 기독교인으로 판명된 경우도 거의 없었습니다. 하지만 그러한 부흥은 복음 종교와는 아무런 상관이 없다고 나는 확신을 가지고서 말할 수 있습니다.

다시 한 번 강조하지만, 이러한 제 경험은 가짜 부흥이 진짜 부흥으로 오해받는 경우가 많았으며, 앞으로도 그럴 수 있음을 보여줍니다. 또한, 우리는 진리의 도구로 이루어지지 않은 부흥, 진리에 의하여 규정되지 않은(not regulated) 부흥, 진리의 열매를 맺지 않는 부흥을 결코 진정한 부흥이라고 인정해서는 안 됩니다. 그 외의 모든 것들은 광신적인 흥분일 뿐입니다. 인간의 몸 안에 있는 열과 마찬가지로, 그것이 쇠퇴하게 되면 그 시스템은 이완되고 약화 될 수밖에 없습니다. 위조화폐와 같이, 그것은 어디에서 나오든지 간에 깊은 의심과 불신을 불러일으키며, 궁극적으로는 진짜 동전의 유통을 방해합니다. 그러므로 사랑하는 성도 여러분, 영감을 받은 사도는 이르기를, "영을 다 믿지 말고 오직 영들이 하나님께 속하였나 분별하라. 많은 거짓 선지자가 세상에 나왔음이라."(요일 4:1)고 말했습니다.

II. 진정한 부흥(GENUINE REVIVALS)을 방해하거나 훼손하는 모든 무질서와 부당한 조치들을 막아내는 것이 얼마나 중요한지를 다시 한번 강조하고 싶습니다.

나는 때때로 무례하게 질문하는 자들이, 정말로 하나님께로부터 온 사역이 인간의 연약함으로 인하여 그 진행이 중단되거나 그 성격이 훼손될 수 있는가? 하고 묻는 것을 들을 때가 있습니다. 이러한 질문은 우리가 그 의미를 어떻게 이해하느냐에 따라서 긍정으로 또는 부정으로 답할 수가 있습니다. 그러므로 다른 질문을 통하여 답해 보도록 하겠습니다. 만일에 어떤 한 개인이 자신의 영원한 관심사에 대하여 깊은 불안감을 느끼고 있다면, 그리고 그 불안감 속에서 갑자기 큰 재산이 그에게 유산으로 남겨졌다면, 그 재산의 규모와 위치로 인하여 그의 모든 주의가 집중되게 될 것입니다. 혹은, 그가 갑자기 정당 정치의 모든 폭력적인 투쟁에 휘말리거나, 다른 분노와 열정으로 가득 찬 경쟁에 몰두하게 된다면, 모든 경험이 우리에게 새롭고 흥미로운 주제가 곧바로 이전의 그의 모든 걱정들을 밀어내어 버릴 것이라고 자연스럽게 예상할 수 있지 않겠습니까? 그럼에도 불구하고, 교회의 역사는 성령의 참되고 의심할 여지 없는 사역이 가장 유망한 방식으로 시작되어 진행되더라도, 심각한 혼란이 허용된다는 것을 보여주고 있습니다. 만일에 분쟁이나 갈등이 발생한다면, 혹은, 대중의 마음을 분산시키거나 분열시킬 만한 강력한 일이 발생한다면, 성령께서는 떠나버리시기 쉽고, 사람들의 마음은 가장 중요한 관심사에서 벗어나서 그로 인하여 주의를 끌게 된 부차적인 대상으로 향하게 되기가 쉬울 것입니다. 이러한 상황에서 거룩하게 하는 영이 어떤 사람의 마음 가운데에 그의 거처를 삼으신다면, 그분은 완전히 그리고 최종적으로 내쫓기지 않을 것입니다. 그러나 그분의 노력으로 인하여 깊은 신념, 진지한 태도, 그리고 진심으로 보이는 결심을 하게 된 수천 명의 사람들에게 그의 영향력은 사라져버렸고, 그분의 존재는 한때 하나님 나라에서 멀지 않은 곳에 있는 듯 보였던 사람들로부터 슬픔 가운데서 사라져버렸습니다. 선한 의도를 가진 낙관적인 기독교인들이라면, 만일에 하나님의 성령이 정말로 현존하신다면 두려울 것이 아무것도 없다고 간절히 바랄 것입니다. 그러나 그분의 말씀과 교회와의 관계의 역사만 보더라도, 그분이 질서와 사랑의 영이시라는 것이 분명하게 드러납니다. 그리고 어느 한쪽에서든 현저하게 벗어나는 일이 있을 때마다 그분은 그곳에 머물지 않을 것이며, 오히려 그러한 사람들을 그 어느 때보다 더욱 큰 완고함, 무관심, 그리고 불신 가운데에 내버려 두실 것입니다.

이러한 주제에 대한 진실을 진정으로 알고자 하는 사람이라면 사도 서신(the Apostolical Epistles), 특별히 고린도전서 14장을 살펴보시기를 바랍니다. 그러면 성령의 감동으로 말미암은 사람들이 섬기는 가운데서도 교회에 스며드는 심각한 혼란이 성령의 사역을 방해하고 진리의 진전을 막기에 충분했다는 것을 알게 될 것입니다. 90여 년 전에 우리나라(미국)에 출판된 존경하는 에드워즈 회장(Jonathan Edwards, 1703-1758)의 종교의 부흥에 관한 글의 네 번째 부분을 살펴보면, 그 지극히 현명하고 거룩한 인물이 그 당시 교회에 축복을 가져다준 영광스러운 부흥 가운데서 일어나는 무질서를 바라보면서 한탄했으며, 그 무질서가 초래한 비참한 폐해를 의심하지 않았다는 것을 알게 될 것입니다. 또한 휫필드(George Whitefield, 1714-1770)와 그의 훌륭한 조력자들의 목회 사역 아래서 큰 부흥이 일어났던 당시에, 데번포트(Davenport, 미국 아이오와 주의 한 도시)와 그의 동료들이 뉴잉글랜드에 가져온 혼란에 대한 기록을 읽어보시기를 바랍니다. 그리고 만일에 그에게 그리스도의 왕국에 대한 진실한 사랑이 조금이라도 있다면, 그는 그러한 무질서가 야기한 그 악을 애통해하며, 하나님 백성의 마음을 슬프게 하고, 교회를 갈기갈기 찢어버리고, 성령을 떠나게 하여 그들을 다툼에 내어주며, 마침내는 차갑고 어리석으며, 또한 황폐하게 할 것임을 알 수가 있을 것입니다. 그는 지난 30년 동안에 미국의 각지에서 종교 부흥이 벌어지면서 엄청난 사치와 무질서가 벌어졌다는 사실에 주목해야 한다고 말합니다. 부흥 운동은 처음에는 매우 유망했었습니다. 그러나 곧바로 여러 가지 형태의 광적인 무질서함으로 인하여 훼손되고 불명예스럽게 되었으며, 또한 끝나버리고 말았는데, 이로 인해 지적이고 냉철한 그리스도인들이 혐오하게 되었고, 중요한 종교의 적들을 더욱 깊은 적대감 속에 빠지도록 했습니다. 나는 이 주제에 대한 진실을 진심으로 알고 싶어하는 사람이라면 누구나, 하나님의 교회에 대하여 기록한 경험들을 깊이 생각하여 보고, 이와 관련하여 경고의 음성을 높이는 것이 합리적이고 중요한 일이 아닌지를 생각해 보라고 말하겠습니다.

만일에 이러한 언급들 가운데서 암시하는 특정한 무질서가 무엇인지를 알고 싶다면, 내가 답할 수 있는 것은, 존경하는 에드워즈 회장과 다른 현명하고 독실한 복음의 사역자들이 거의 1세기 전에 개탄하고 반대했던 바로 그 혼란에 관한 것으로, 그 혼란은 당시와 그 후 수년 동안에 매우 복잡하고 광범위한 피해를 초래했다는 것입니다. 예컨대 공적인 모임(public meetings)이 지나치게 많아서, 가족이나 집안일을 할 시간이 거의 남지 않는 경우가 많았습니다. 이러한 모임들을 비정상적으로 늦은 시간까지 계속함으로써, 가족의 질서를 흐트러뜨리고 사람들의 몸과 마음을 모두 지치도록 만들었습니다. 신체적 흥분에 빠지는 것, 공적인 집회(public assemblies) 가운데서 신음과 비명을 지르는 행위, 권한도 없고 자격도 없는 사람들이 공적인 가르침의 사역을 수행하기 위하여 스스로 나서는 경우, 수많은 사람들이 동시에 말하고 기도하는 것. 여성들이 발언하고, 마음 내키는 대로 하는 집회에서 기도를 인도하는 것. 특정한 개인의 이름을 거론하며 공적으로 기도하거나, 은혜롭지 못한 사람, 종교에 반하는 사람들을 위하여 기도하는 것. 이러한 잘못된 행위들에 대하여 반대하는 모든 사람들을 향하여서 하나님의 원수라는 가혹한 비난과 무자비한 규탄의 언어를 퍼붓는 것, 축복을 얻는 데에 꼭 필요하다는 이유로 비밀스러운 죄를 공적으로 고백하도록 촉구하는 것, 이러한 모든 것들과 비슷한 종류의 다른 많은 계획들은 강한 흥분을 일으키려는 것을 목적으로 하였으며, 여러 나라와 시대에 걸쳐 수백 번이나 시도되었고, 결국에는 효과가 없다는 것이 한결같이 밝혀졌으며, 현명한 그리스도인들에 의하여 성경에 어긋나고 해로운 것들이라는 이유로 만장일치의 비난을 받았습니다. 하지만 그들은 지적이고 사려 깊은 사람들을 혐오했습니다. 그러나 그들은 많은 사람을 하나님의 집으로부터 내몰고, 또 어쩌면 그들을 절망적인 불신앙에 빠지게 만들 수 있습니다. 그리고 그러한 것은 많은 사람들이 다 함께 부흥에 반대할 수 밖에 없는 견해를 가지도록 확증해 줍니다. 하지만 바로 그러한 수단들이 선을 행하는 데에 적합하다고 믿으며, 그러한 것들을 다시 시도하려고 하는 사람들이 있습니다! 그 진실은, 고도의 대중적 흥분과 동요가 일어나지 않는 한, 바람직한 일은 아무것도 이루어지지 않을 것이라고 상상하는 선량한 사람들이 있다는 것입니다. 그러므로 그들은 효과를 낼 수 있는 새롭고 대담한 조치라고 하면 무엇이든 채택하여 볼 준비가 되어 있습니다. 그들은 대중적인 흥분을 좋아합니다. 그것은 마치 강한 술이 동물의 신체에 미치는 영향과 유사하게 많은 사람에게 영향을 미칩니다. 그것은 강한 술의 경우와 마찬가지로 그러한 흥분은 자연스러운 것이 아니라는 사실과, 침착하고 지적이며 겸손한 그리스도인들의 은혜의 실천에 합당한 것도 아니라는 사실, 그것은 오래 지속될 수 없다는 사실, 그리고 결국에는 병적인 우울증과 쇠약으로 이어지지 않을 수 없다는 사실을 생각하지 못합니다.

그러나 종교의 부흥에 종종 먹구름을 드리웠던 이러한 명백한 무질서들 외에도, 현명한 기독교인들이라면 항상 경계할 것이라 기대되는 것들이 있습니다. 새로운 제목이 부여된 다른 조치들도 있는데, 나는 이에 대하여 이 서두에서 간략하게 언급하고자 합니다. 이러한 활동의 주요한 내용은, 따뜻하고 강렬한 강연이 끝난 후에 강연에 다소 감명을 받거나 종교 문제에 주의를 기울이기로 결심한 모든 사람에게 자리에서 일어나 대중 앞에서 자신의 목적을 선언하도록 요청하는 것이었습니다. 혹은 기도를 받기를 원하는 모든 사람에게 일어나서 교회의 특정한 구역으로 나와 함께 무릎을 꿇도록 요청하는 것, 혹은 영원한 복리를 간절히 바라는 모든 사람들에게 나머지 회중과 공개적으로 분리되어 '열망의 좌석'이라 불리는 특별한 좌석에 앉도록 권유하여, 그 자리를 채우기 위하여서 비워두는 것이었습니다. 간단하게 말해서, 대중의 감정에 작용하는 이러한 장치(machinery)는 무한히 다양하게 변할 수 있으며, 지금도 다양하게 변화하고 있습니다. 때로는 희망을 얻은 사람들이 그 장소 안의 곳곳에서 일어나 그 희망하는 바를 나타내 보이도록 요청받기도 했습니다. 다른 때에는, 아직 자신의 선한 상태에 대한 희망을 소중하게 여기기 시작하지는 않았지만, 이러한 중요한 주제에 주의를 기울일 것이라고 결심한 사람들은 현장에서 이러한 결심을 동일한 방식으로 표현할 것을 촉구받기도 했습니다. 그리고 때로는 고집스러운 의지로 아직 굴복할 생각이 없고 복음을 따를 특별한 마음의 동향을 느끼지 못하는 사람들에게는 그들의 자리에서 일어나거나, 혹은 그 장소를 나가면서 이 사실조차도 공개적으로 알리라는 요청을 받기도 했습니다.

이러한 새로운 조치의 전체 체계를 지지하는 강력한 요지는, 회개하지 않는 사람들이 본성적인 신념을 억누르고 꺼트려 버리는 정신에 휘말리기가 쉽기 때문에, 가능한 한 빨리 이 중대한 문제에 대하여 눈에 띄는 조치를 취하도록 설득하는 것이 바람직하다는 것입니다. 그러나 내 생각에 이는 찬성에 유리한 논거라기보다는, 오히려 이 체계 전체에 대한 가장 강력한 반대의 논거입니다. 복음을 접한 모든 회개하지 않는 죄인들이 즉시 회개하라는 부름을 받아야 한다는 것은 의심의 여지가 없습니다. 그리고 복음을 받아들이기를 미루는 것은 범죄일 뿐만 아니라 불합리(unreasonable)한 것이기도 합니다. 그러나 인간의 정신에 다가올 수 있는 모든 주제들 가운데서도 종교는 모든 단계에 있어서 성급함이 없이, 명확한 지식과 신중한 고려와 더불어서, 그 대가를 헤아리고, 또한 일시적인 감정을 깊은 인상으로, 또는 순간적인 불안이나 동물적인 동정심을 마음의 확고하고 실질적인 목적인 것으로 착각하지 않도록 신성한 주의를 기울여서 취하여야 할 것입니다. 만일에 그들의 영원한 관심사를 염려하는 사람들에게 그들의 염려를 증거하기 위하여 특정한 자리에 앉거나 대중 앞에서 일어서라고 한다면, 그들이 자신의 감정이 한 시간 동안이나 지속될지, 아니면 첫날밤의 잠과 함께 사라져 버릴지 알기도 전에 공개적으로 그러한 입장을 취하는 것이 현명한 일이겠습니까? 혹은, 만일에 우리가 그리스도 안에서 소망을 얻은 자들인 그들에게 어떤 정해진 신호를 보내어서 큰 회중(a large assembly)에게 그것을 알리라고 지시한다면, 그것이 진짜이든 거짓이든 간에, 이러한 소망이 부르심을 받기 불과 몇 시간이나 몇 분 전이라도 그들의 마음 가운데 떠오른 사람들이 그들의 소망을 성경적인 시험에 이르게 할 기회를 최소한으로도 갖지 못한 채로, 이처럼 고상하고 책임감 있는 모습으로 나서는 것이 옳은 일이겠습니까? 지금까지 고안된 모든 방법들 가운데서도, 이 방법은 교회를 굳건하고 지적이며 참으로 영적이고 헌신적인

160

그리스도인들 대신에 성급하고 무지하며 피상적이고 위선적인 선생들로 채우는 데에 가장 적합한 것으로 볼 수 있을 것입니다.

그러나 이것이 아무리 나쁜 것이더라도 최악인 것은 아닙니다. 나는 열망의 자리(anxious seats)에 앉도록 부르거나, 측면의 통로로 불러서 기도해 달라고 요청하는 등의 매우 흥미진진한 시스템이, 내가 확실히 아는 한에서 종종 그러하듯이, 잘못된 교리와 연결되어 있음을 덧붙여야 함을 알고 있다. 예를 들자면, 회심보다 쉬운 것은 없다고 선언하는 것, 성령의 능력은 회개하지 않는 죄인들이 회개하고 믿을 수 있도록 하는 데에 꼭 필요하지는 않다는 것입니다. 그들이 하나님을 위하여 살기로, 그리스도인이 되기로 결심하기만 하면, 그 자체가 중생(regeneration)인 것이며, 이미 역사는 끝난 것입니다. 내가 말하고자 하는 것은, 열망의 좌석 제도 등이 이러한 교리적 진술과 연관되어 있다면, 그것은 영혼을 대량으로 파괴하는 데에 적합한 것으로 보인다는 것입니다! 나는 그러한 부흥이 결코 건전한 회심과는 전혀 연관이 없는 것이라고 말하지는 않을 것이다. 그러나 나는 감히 반복해서 말하건대, 그들이 소중히 맞이하는 그 종교는 복음의 종교와는 전혀 다르다는 것이다. 나는 진심으로 그것이 영혼을 파괴하는 기만의 시스템(a system of soul-destroying deception)이라고 믿습니다!

나의 그리스도인 형제 여러분, 올버니(Albany)의 스프래그 목사 (William Buell Sprague, 1795-1876)[3]가 쓴 부흥 운동에 관한 매우 유익하고 흥미로운 책을 보신 분들은, 제가 미국에 있는 장로교인이라면 누구나 주의 깊게 읽어보시길 진심으로 권하고 싶은 책입니다. 여러분은 분명 그 훌륭한 저자가 직접 제시한 이 주제에 대한 공정하고 빛나는 견해에 깊은 인상을 받았을 것입니다. 하지만 그의 책 부록에 표현된바, 동일한 그 주제에 대한 놀라운 의견의 일치에도 주목해 볼만 한데, 여기에는 6개의 다른 기독교 교파에 속한 저명한 목사들의 긴 목록이 포함되어 있으며, 그들 대부분은 뛰어난 지혜와 독실함, 그리고 부흥에 대한 풍부한 경험으로 유명한 자들이었습니다. 나는 이 주제와 관련하여 그들을 아는 사람이라면 누구도 의심하지 않을 내용이므로, 우리 앞에 증언할 수 있는 능력에 있어서 모든 면에서 탁월한 세 분의 존경할 만한 분들의 말씀들 가운데서, 몇 가지 짧은 발췌문을 남기도록 허락해 주시기를 부탁드리는 바입니다.

---

3 미국의 회중교회와 장로교 성직자였으며, 1850년 이전에 사망한 미국의 주요 개신교 기독교 성직자들의 포괄적인 전기 사전인 Annals of the American Pulpit(전 9권, 1857-1869)의 편찬자였다. 그는 티머시 드와이트 4세(Timothy Dwight IV)의 지도 아래 예일대학교에서 교육을 받았고, 1815년에 졸업한 후, 프린스턴 신학대학에서 아치볼드 알렉산더(Archibald Alexander) 박사와 사무엘 밀러(Samuel Miller)의 지도를 받았다. [역자 주]

다음은 앰허스트 대학(Amherst College)의 험프리 목사(Edward Porter Humphrey, 1809-1886)의 증언으로, 그는 부흥 운동에 있어서 검증된 인물로 잘 알려져 있습니다. "만일에 당신이 대학과 다른 곳에서 일어난 부흥 운동에서 가장 탁월한 축복을 받은 수단과 조치가 무엇이었냐고 내게 묻는다면, 내가 직접 관찰한 바에 따르면 사도 시대에 견고한 요새를 무너뜨리는 데에 하나님의 강력한 힘으로 작용했던 것과 실질적으로 동일한 것이었다고 대답할 것입니다. 이는 거의 1세기 전에 에드워즈(Jonathan Edwards, 1703-1758), 벨라미(Joseph Bellamy,1719-1790), 브레이너드(David Brainerd, 1718-1747)가 쓴 것과 동일한 것입니다. 개인적인 대화를 위한 모임, 흔히 연구 모임(inquiry meetings)이라 불리는 모임이 매주 또는 그보다 더욱 빈번하게 열렸으며, 내가 주목한 모든 부흥 운동 가운데서 영적으로 커다란 이점을 얻었습니다. 비밀리에 기도하든 사회적으로 기도하든 기도의 의무는 그리스도인들에게 매일 열심히 강조되어 왔습니다. 그러나 늦은 시간에 열리는 집회는 일반적으로 권장되지 않았는데, 이는 가족의 신앙적인 질서를 방해할 뿐만 아니라 짧은 시간 안에 하나님 백성들의 육체적, 정신적 에너지를 고갈시킬 뿐만 아니라 하늘에서 타오르는 불에 이상한 불이 섞이도록 할 수가 있기 때문이었습니다. 친교의 기도를 위하여 만났을 때에도, 목사나 신도들 모두 그들 마음대로 거칠게 큰 소리를 지르거나, 신음소리 같은 갈망의 소리를 내거나, 그들의 진심과 열의의 표시로서 손을 치켜드는 따위의 행동은 하지 않았습니다. 그들은 가장 시끄러운 물이 가장 깊은 경우는 극히 드물다는 것을 관찰하였으며 또한, 폐에 힘을 주거나 근육을 수축시키는 행위보다는 정신에 있어서의 열렬함(fervency of spirit)에 더욱 많은 중점을 두었습니다. 우리에게 있어서는, 크거나 작거나 간에 우리의 종교적 집단(religious circles) 안에서는 이름을 부르며 기도하거나, 혹은 동등한 인격을 가진 죄인들을 위하여 기도하는 것은 결코 관례적이지 않았습니다. 이러한 예배들의 일반적인 경향은, 혼자만의 경우에서는 그 효과가 아무리 다르다고 하더라도 경건의 목적에 대해서는 해로울 것이라 생각합니다. 여성들은 동성으로만 구성된 모임을 제외하고는 우리의 모든 모임 가운데서 침묵을 지켰습니다. 제가 관찰한 바로는, 열망하는 죄인들을 통로로 불러내어서 말을 걸거나 기도하도록 하는 일 따위는 없었습니다. 또한 그들은 큰 회중 앞에서 그 장소의 어느 부분에서건 앞으로 나와서 그러한 목적으로 비어 있는 자리 [즉, 열망의 자리]에 앉으라는 요청을 받은 적도 없습니다. 그리고 내가 아는 한, [열망의 자리에 앉을 것을 촉구하는] 그러한 조치가 채택된 곳들마다 부흥 운동은 얻은 것보다는 잃은 것이 더욱 많았던 것으로 압니다. 그러므로 어떤 새로운 시스템의 현재의 효과만을 바라보고서 그것이 기존의 시스템보다 더욱 나은 것이라고 주장하는 것은 안전하지 않은 것입니다. 그 새로운 시스템이 일주일 안에 많은 성과를 이룰 수 있을지는 몰라도, 일 년 안에서는 그만큼의 성과를 낼 수가 없을 것입니다. 그것은 아주 많은 사람들을 그리스도의 가시적인 왕국으로 인도할 수 있겠지만, 그렇게 많은 사람들을 그리스도의 영적인 왕국으로 인도하지는 못할 것입니다. 나는 종교의 새로운 부흥을 목격할 때마다, "오래되고 좁은 길(old paths)"을 따라가는 것이 가장 안전하다는 생각을 굳건히 하곤 하는데, 그것은 오랜 경험을 통하여 입증된 수단과 방법들을 사용하는 것이 가장 안전하며, 이 지역 교회들이 그토록 크게 확장되고 감화되어 온 방법이라는 생각입니다.

다트머스 대학(Dartmouth College)의 총장 로드 목사(Rev. President Lord, 1792-1870)는 동일한 주제에 관하여서 다음과 같은 중요한 발언을 했습니다. "이러한 종교적인 부흥과 관련하여서, 나는 모든 경우에 있어서 그 부흥이 성령의 영향으로 인하여 서로 다른 마음들에 동일한 진리를 조용하게 감화시켜서 신적인 자비의 트로피를 배가시킨 결과물처럼 보인다는 점을 지적하는 것이 중요하다고 생각한다. 그것들은 신적인 개입(divine interposition)의 원인이 아니라 결과였으며, 인간의 약함과 죄악으로 인하여 가끔은 흠집이 생기곤 하는 것을 제외하면 위로부터 오는 지혜의 특성(the characteristics of the wisdom)을 지니고 있었습니다. 이에 대해서 우리는 그리스도의 왕국을 건설하기 위한 새로운 조치들에 관한 보고 외에는 아무것도 알지 못하였습니다. 우리에게 회심을 만드는 기계장치(machinery for making converts)라고는 없으며, 또한 우리는 회심이 들어오도록 허용할 수조차 없습니다. 우리의 보살핌 아래에 있는 젊은이들, 특히나 그들 가운데도 예수 그리스도의 사역자가 될 이들에게, 복음이 인간의 고안물들(human devices)로 도울 수 있거나 혹은, 성령의 역사를 촉진시킬 수 있다는 인상을 그들에게 받게 하는 것을 두려워해야 할 것입니다. 그리고 나는 우리가 이 주제에 대하여 오랜 세월에 걸쳐서 경험으로 확립하고, 이를 적용하는 과정에서 하나님의 축복으로 확증된 일반적인 원칙들을 고수해야 한다고 생각하는데, 그런즉 이러한 원칙들을 의심스러운 열기에 대한 열광이나 혁신에 대한 사랑으로 인하여 지금도 버려져서는 않되며, 심지어 부흥의 적이라는 비난을 피하기 위해서도 더욱 버려질 수가 없는 것입니다. 언제쯤이나 구세주의 목회자와 교회들은 언제쯤이나 복음의 아름다운 단순성을 훼손하고, 그것의 충분한 규례에 자신들의 발명품들을 덧붙이려고 하는 그러한 경향과 신적인 섭리(the divine Providence)를 따르기보다는 오히려 주도하려고 하고, 또한 그들 자신의 망상을 천상의 계시로 착각하는 것, 부정한 불로 제물을 태우고, 오직 하나님께만 속한 그러한 권능과 영광을 가로채려는 것을 실제로 깨닫게 될 것인가? 나는 우리 나라를 바라볼 때면, 우리가 지키는 기독교 교파가 퇴보하게 될까 하여 때때로 얼마나 두려운지 말로 다 할 수가 없습니다. 하지만 우리는 옛 기초들(the old foundations)

을 굳게 지켜야 합니다. 아직도 옳은 것을 지켜야 하는 사람들이 많이 있습니다. 그리고 우리는 회복하는 정신(the recovering spirit) 은 신적인 자비의 목적을 성취하고 세상을 바로잡으며 변화시킬 것이라고 확신합니다."

현존하는 목사들 가운데 부흥 운동에 있어서 그보다 더 많은 경험을 가진 목사가 거의 없을 정도로 유명한 윌리엄스 대학의 그리핀 총장(Edward Dorr Griffin, 1770-1837)은, 동일한 주제에 대하여서 다음과 같은 말을 하였습니다. "최근에 죄인들이 깨어나 결심하도록 이끌기 위하여 많은 노력이 기울여져 왔는데, 이는 그들을 가로막아 온 우유부단함과 사람에 대한 두려움을 극복하게 하고, 그들이 꾸준히 죄인들에게로 되돌아가려고 하는 것을 불가능하게 하기 위함이었습니다. 이러한 목적을 위해서 그들은 일어서서 공개적인 기도를 요청하고, 하나님에 대한 결신의 표시로서 통로로 나오며, 영어로 열망의 좌석(anxious seats)이라 불리는 특정한 자리에 앉을 뿐 아니라, 앞으로 나아가서 무릎을 꿇고 기도를 받으라고 요청을 받고, 많은 경우에 즉시로 종교에 헌신하겠다고 약속하도록 요구를 받습니다. 그리고 거의 동일한 목적으로 회심자들은 특정한 좌석을 취하도록 요구를 받으며, 이로써 사실상 하루 만에 신앙 고백을 하게 되고, 몇 주 만에 서둘러서 교회에 편입이 됩니다. 이러한 조치들은 관련된 자들을 교회에 내어 맡기기 위한 것이지만, 뿐만 아니라 다른 사람들의 주의를 환기시키고 일반적인 인상을 심어주기 위한 수단이기도 합니다. 나는 어떠한 사람이라도 한마디로 비난하고 싶지는 않습니다. 그러나 이러한 조치들이 체계화되며, 또한 끊임없이 반복될 때에, 그리스도인 회집(a Christian assembly)의 이전 위엄 대신에, 선의의 술책들로 인한 매일같은 혼란의 상태로 내몰릴 때에, 이러한 조치들이 상상력과 열정에 불균형적으로 영향을 미치고 진실과 기도 외의 다른 수단들, 하나님의 능력 외의 다른 능력에 의존하게 만드는 것은 아닌지의 여부가 심각한 문제가 될 것이라고 봅니다. 나는 죄인들이 이러한 종류의 헌신적 행위에 대하여 자기 의(a self-righteous)에 의존하기가 매우 쉽다는 사실을 충분할 만큼 목격해 왔습니다. 내가 한 걸음을 내디뎠으니, 이제 하나님께서 나를 위하여 무언가를 해주시기를 바란다는 이러한 말을 나는 여러 차례에 걸쳐서 들어본 적이 있습니다. 나는 명시적이든 묵시적이든 간에 어떤 약속에 대해서도 전적으로 거부합니다. 만일에 그것이 진정한 복종에 미치지 못하는 어떠한 행동을 하겠다는 약속이라면, 그것은 죄인이 그 이상의 일을 할 의무가 전혀 없다는 느낌을 불러일으킬 것입니다. 그리고 만일에 그 약속들이 복종하겠다는 것이라면, 그것은 죄인 자신의 힘으로 한 것이며 오만한 약속인 것입니다. 그 의지는 결심을 세우고 약속을 하지만, 마음을 통제할 수는 없습니다. 죄인들은 반드시 즉시로 하나님을 사랑하게 되어 있습니다. 그러나 그들은 미리 그렇게 하겠다고 약속할 의무가 없으며, 자신의 마음가짐을 바꾸는 데 그들 자신의 의지에 의존합니다. 이것이 바로 자기를 의존함(self-dependence)입니다. 그들은 반드시 즉시로 그들의 사역을 하려고 하는데, 그러나 그들 홀로 수행하는 것이 아닙니다. 그들의 특권이자 그들의 의무는 즉시로 성령께 의지하는 것이며, 자신의 힘으로 단 한 걸음도 내디디지 않는 것이었습니다. 이러한 강요된 약속에는 또 다른 악이 있는데, 그것은 신적인 권위를 인간의 권위로 대체하는 것입니다. 그리스도인이 죄인들에게 즉각적인 복종의 의무를 촉구하는 것은 옳은 일이며, 하나님의 권위로써 이를 아무리 강조해도 지나치지 않습니다. 그러나 그들 위에 서서 '자, 지금 약속하시오. 바로 이 순간에 약속하시오. 꼭 약속하시오. 반드시 약속해야 합니다. 약속하시오, 그러면 내가 당신을 위하여 기도하리다. 만일에 약속하지 않는다면 나도 약속하지 않을 것이오.'라고 말하는 것은, 인간의 권위로서 그들을 제압하고 신적인 권위의 자리를 차지하려는 것입니다.

네틀턴(Asahel Nettleton, 1783-1844) 목사가 지난 20년 이상이나 종교 부흥에 기여한 그 경험과 지혜는 미국의 전역에 널리 알려져 있습니다. 내가 지금 말하고 있는 새로운 조치들(the new measures)에 대한 그의 반대 증언은 강력하고 단호합니다. 그는 몇 주 안에 자신의 입으로 직접 나에게 알리기를, 그가 전도자로서의 경력을 시작하기 얼마 전에 바로 이러한 방법들(공개적인 집회에서 사람들에게 일어나도록 하고, 특정한 좌석으로 이끌거나, 통로에서 무릎 꿇고 앉아서 기도를 받도록 하거나, 혹은 그들의 마음 상태를 선포하도록 촉구하는 것)이 코네티컷 동부 지역의 회중교회 목사인 제임스 데이비스 목사에 의해 광범위하게 사용되었으며, 그곳이 바로 그(Mr. N.)가 후에 사역하러 부름받은 곳이었다고 말했습니다. 그러한 조치가 맺은 궁극적인 결과는 어디에서나 광신주의(fanaticism)와 문란함(disorder)이었습니다. 그것은 여러 곳에서 그러한 조치가 만들어낸 정신이 합리적이고 냉정한 목회직의 수행에 극복할 수 없는 장애물이 되었습니다. 그리고 그는 그 곳을 떠나 다른 곳으로 가야만 했으며, 또한 그 이후로도 그의 모든 사역에서 비슷한 조치가 변함없이 똑같이 괴로운 결과를 낳을 뿐임을 발견할 수 있었습니다. 따라서 그의 판단은 오래전부터 굳어져 왔으며, 장로교회와 뉴잉글랜드에서의 풍부한 경험들을 통해 검증되었고, 매일매일의 추가적인 관찰을 통해서 점점 더 확실하게 드러났는데, 바로 그러한 문제의 모든 조치들이 복음의 온유함과 겸손함에 반대된다는 것, 그것들이 허세(ostentation)와 광신주의(fanaticism), 그리고 비판적 태도(censoriousness)를 키우는 경향이 있다는 것이었습니다. 또한, 비록 초기에는 더욱 많은 회심의 숫자를 산출하는 것처럼 보일지라도, 덜 강압적인 체계가 결국 더욱더 진실하고 풍성한 열매를 맺을 것으로 기대할 수 있음을 알 수 있었습니다.

우리의 심문자들[새로운 부흥의 조치를 도입하는 자들]이 "열망의 자리"로 부르는 것이 진지한 감동을 받은 자와 그렇지 않은 자를 가려내는 유일한 효과적인 방법이라고 말하지 못하도록 해야 합니다. 모든 신도들이 예배를 마친 후에도 어느 정도 진지한 감동을 받거나, 계속해서 집회 장소에 머물고 싶어 하는 자들에게 공개적으로 초대장을 보내거나, 다음 날 저녁에 편리한 장소에서 목사와 만나서 자신의 감정을 털어놓고 가르침과 기도를 받도록 하는 것이, 그다지 효과적이지 않을지는 몰라도 훨씬 더 문제의 소지를 덜 수가 있지 않겠습니까? 아니, 왜 후자의 방법이 모든 면에서 전자의 방법보다 훨씬 더 바람직하지 않은가요? 이는 숫자를 확인하고 사람과 사례를 구별하는 것에 있어서도 상당히 좋은 기회를 제공합니다. 그리고 이는 특정한 개인에게 구체적이고 적절한 교육을 제공할 수 있는 훨씬 더 나은 기회를 제공하는 것이기도 합니다. 이는 미숙하고, 또 어쩌면 일시적이며 덧없는 행위에 그치는 사람들을 대중의 눈에 띄도록 하거나, 심지어 가장 큰 홍보 수단으로 이끌어들이는 해악을 예방합니다. 그리고 이것은 많은 사람들, 특히 젊은 이들에게 매우 위협적일 수 있는 위험을 피하도록 하는데, 내가 말하고자 하는 것은 바로 대중적 관심의 대상이 되어서 과장될 위험성과 또한, 흔히 그렇듯이 의심할 여지가 없는 "회심자(converts)"라고 즉각적으로 언급되고 발표될 위험성에 대한 것입니다. 단언컨대 깨어나고 확신을 얻은 사람들의 초기의 행실은 차분한 자기 성찰과 진지하고 은둔적인 노력으로 특징지어져야 합니다. 만일에 그 인상이 너무나 사소하고 덧없어서 다음날 저녁까지 기다리는 것조차도 안전하지 못하다면, 그런 사람들이 열망의 자리에 공개적으로 앉아서 "그들 스스로 헌신"할 준비가 되어 있다고 주장하기는 어려울 것입니다. 그리고 만일에 어떤 사람들이 허영심에 사로잡혀서는 큰 회집(a great assembly) 가운데서 그러한 자리에 앉으려고 애를 쓰는 것을, 자신과 비슷한 마음의 상태 가운데 있는 그들의 목사와 소수의 친구들을 더욱 사적인 방식으로 만나는 것보다도 더 선호한다면, 교회는 그러한 회원들이 증가하는 것으로부터 별다른 위로를 기대하기가 어려울 것입니다.

결국, 흔히 말하는 이 새로운 조치 체계(system of new measures)가 궁극적으로 발휘하는 효과가 무엇이겠습니까? 하나님께서 친히 제정하신 모든 규례처럼, 해마다 감소하거나 싫증이 나지 않으며 계속해서 감명을 주고 감화를 주는 것이겠습니까? 전혀 그렇지 않습니다. 진지하고, 열망하는, 그리고 통로로 나가기를 기대하거나, 혹은 특별한 자리에 앉기를 기대하는 사람들의 습관이나 변덕에 따라 불러내는 관행이 아주 광범위하고도 오래도록 사용되어 온 곳에서는, 그러한 방식들의 참신함이 사라져 버리면 그것의 흥미로운 성격도 사라져 버리고, 다른 어떤 오래된 이야기들처럼 곧 무력하고 비효율적인 것으로 변해버리고 만다는 것이 여러 경험들을 통해서 증명되었습니다. 이러한 일들은 서부의 여러 지역에서 흔하게 볼 수 있는 일이며, 비슷한 관행이 현재에 널리 유행하고 있는 동부 지역의 교회들에서도 곧 그러한 일들이 일어날 것으로 보입니다. 진실은, 이러한 종류의 것들이 깨달음과 냉철함을 갖춘 그리스도인들 사이에서 오래도록 관대하게 받아들여질 수 없다는 것입니다. 단단한 음식은 몸에 영양을 공급하고, 또한 활력을 주며 편안하게 해줍니다. 그러나 자극적인 음료는 병적인 작용을 유발하기만 하며, 또한 그러한 작용도 잠시 동안일 뿐입니다. 그러한 작용 후에는 오히려 그러한 시스템이 침체되고 아주 불쾌하게 될 뿐입니다.

하지만 부흥과 관련한 주제에 대한 몇 가지 추가적인 발언들은 다음 서신으로 미루어야겠습니다.

Princeton, March, 1833.

신앙의 부흥 II

그리스도인 형제 여러분, 종교의 부흥이라고 하는 주제는 말로 표현할 수 없을 만큼 흥미롭고 중요하며, 동시에 너무도 광범위한 주제이기에, 제가 이 주제를 또 다른 서신의 주제로 삼는 것에 대하여 놀라지 않으리라 믿습니다. 또한, 내가 관찰을 하고 싶은 몇몇 다른 주제들도 있습니다.

III. 내가 가장 정중하게 말씀드리고 싶은 세 번째 말씀은, 우리가 진실하고 유익한 신앙의 부흥을 촉진하고자 한다면, 통상적인 은혜의 수단들(THE ORDINARY MEANS OF GRACE)**을 과소평가해서는 안 되며, 특별하고 비상적**(EXTRAORDINARY)**이라 불릴 수 있는 수단들을 너무 평범하고 값싼 것으로 만들어서도 안 된다는 것입니다.**

고대에 하나님의 백성들이 광야를 지나갈 때, 그들의 여정에서 날마다 공급되는 평범하지만 훌륭한 양식이었던 만나를 싫어하게 되었고, 오히려 그들은 특별한 양식이 공급되는 것을 요청하였는데, 그들의 요청이 승인되었을 때, 그들에게 오히려 과식과 해악만을 초래하였음을 알고 있을 것입니다. 이것은 시온의 더욱 영적인 양식의 공급에 관하여서도 마찬가지의 사실을 교훈합니다. 대중의 관심을 끌기 위한 새로운 계획들이 사람들의 마음을 사로잡기 시작하면, 사람들은 마치 흥분과 동요에 대한 열망에 지배되는 듯합니다. 그리고 마침내 그들은 이러한 것들이 없다면 가치 있는 일이라고는 아무것도 이루어지지 않는 것처럼 생각하기 시작합니다. 즉, 안식일로서의 주일에 드리는 일상적인 예배, 주중에 이루어지는 강의, 기도를 위한 모임, 그리고 성찬예식 등은 싱거운 음식(light food)으로 여겨지는 것입니다. 그러므로 그들에게는 무엇인가 감동적인 것, 무엇인가 더욱 새로운 것, 마치 술과 같이 강렬한 흥분을 불러일으키는 무엇인가가 반드시 있어야 합니다. 그렇지 않으면 모든 것들이 너무도 싱겁고 재미없는 것으로 여겨지기 때문입니다. 하지만 이러한 종류의 정신이 사람들 사이에 널리 퍼지게 되면, 결국에 그것은 그들의 영적인 관심사에 매우 불행한 일을 초래하고 맙니다. 이러한 언급을 하는 목적은, 때로 특별한 은혜의 수단들(extraordinary means of grace)을 전혀 사용해서는 안 된다는 사실을 암시하는 것이 아닙니다. 오히려 이러한 수단들(특별한 은혜의 수단들)이 하나님께서 제정하신 보통의 수단들을 "뒷전으로 밀어내어"버리도록 하고, 오직 그러한 보통의 수단들만을 사용하는 곳에서는 별로 좋은 결과를 기대할 수가 없다는 인상을 대중에게 주어서는 안 됩니다.

내가 의도하는 바를 설명해 보자면, 나는 "장시간 이루어지는 모임 (Protracted meetings)"의 든든한 지지자라는 것입니다. 구약 시대의 경륜 아래서 분명 특별한 경우에 이러한 모임이 이루어졌지만, 그렇다고 너무 자주 반복됨으로써 그 모임이 값싼 것으로 여겨지지는 않았습니다. 그러한 것들은 특별한 서비스로 간주되고 처리되었다. 우리의 복된 주님께서 사역하시던 날에, 우리는 그분이 사흘 내내 사람들을 자신의 말씀에 매달리게 하셨고, 그 대부분의 시간 동안 많은 사람들이 땅에 엎드려 금식하고 있었던 것을 우리는 알고 있습니다. 스코틀랜드의 교회에서는 성찬 예식 때마다 장시간의 집회를 하는 것이 거의 보편적이었으며, 100년이 넘게 여러 차례에 걸쳐서 매우 훌륭한 결과를 거두었다고 전해집니다. 바로 그러한 때에 저명한 존 리빙스턴 목사(John Livingston, 1603-1672)의 단 한 번의 설교가 500명의 영혼을 희망에 찬 회심으로 이끌었습니다. 그리고 이처럼 장시간에 걸쳐서 이뤄지는 집회는 의심할 여지가 없이 우리나라의 많은 지역에서, 특히나 지난 몇 년 동안에 종교의 가장 귀중한 부흥이 시작되거나 지속되는 데에 중요한 역할을 했습니다. 그러므로 장시간의 집회 자체에 대하여 이처럼 정당화되고 강화된 상태에서, 진실하고 지적인 신앙의 진정한 지지자들이라면 감히 반대할 용기를 내지는 못할 것입니다. 하지만 그러한 모임은 남용의 위험이 매우 높지 않습니까? 아니, 그들이 오용되어 순수하고 더럽혀지지 않은 종교의 대의에 도움이 되기는커녕 오히려 방해가 되었다고 믿을 만한 이유가 있지 않습니까? 그러한 장시간의 모임들이 남용된다고 말할 수 있는 경우는 다음과 같습니다. 먼저 자칭 기독교인들이 그것들에 대한 의존을 가장 중요하게 여기기 시작할 때입니다. 또한, 그것들을 교회의 희망으로 간절히 바라볼 때, 그리고 그것들이 마치 성령에 대한 겸손하고 부드러운 의존과, 시온의 번영을 위하여 상한 마음으로 간절하고도 끈질기게, 또한 꾸준히 드리는 기도를 대신하는 것처럼 다루어질 때이며, 아울러서 때로는 개인적 신앙과 끈질긴 헌신을 대체하는 일종의 기계장치처럼 여겨질 때, 마지막으로, 동일한 사람들이 지나치게 자주 그것에 의지하여 이를 정해진 은혜의 수단으로 전락시키고, 이로 인하여 안식일과 그 평범한 특권들이 그러한 것들에 비하여 경시되게 하는 경우에, 그러한 장시간의 모임들이 크게 남용된 것이라고 말할 수가 있습니다. 이것은 심각한 해악입니다. 그러나 이러한 일은 이미 일어났고, 앞으로도 다시 일어날 위험성이 매우 높습니다. 그러나 만일에 은혜의 경륜의 본질에 대한 나의 견해와 특정한 사례들에서의 효과에 관한 구별된 정보가 나를 속이지 않는다면, 그러한 남용은 결코 해악이 없이는 일어날 수가 없는 것입니다. 교회의 위대한 머리이신 그리스도께서 그처럼 눈살을 찌푸리시고 황폐함에 내어버려 두지 않으셨다면, 그 백성들은 어느 정도는 그러한 냉담함과 무감각함, 그리고 황폐함으로 인하여 그 책임을 질 수밖에 없었을 것이니, 그들은 "자기 길의 열매를 먹고 자기 계략으로 배부를 것이라."(잠 1:31)는 운명에 내맡겨진 자들이기 때문입니다.

사실, 인간은 어느 시대에 있어서나 그리스도의 단순한 의식들보다
는 그들 자신이 만든 것들을 더욱 중요하게 여기는 경향을 지니고
있었습니다. 그들은 정직하게, 그러나 헛되이, 교회의 머리이신 분
의 제정하심만으로는 충분하지 않다고 생각했습니다. 또는, 적어
도 죄가 되지 않게 더하여질 수 있을 뿐만 아니라, 오히려 유익하게
더해질 수 있다고 여겼습니다. 그들은 주의를 끌고 마음을 자극하
는 새로운 수단들을 모두 도입할 준비가 되어 있었으며, 또한 그렇
게 함으로써 하나님께 봉사할 수 있다고 생각했습니다. 이것이 바
로 로마 가톨릭 교회를 왜곡시키는 수많은 하나님께 대한 예배에
있어서의 인간적인 발명품들의 기원이었음은 의심의 여지가 없습
니다. 그들은 일찍이 시작했습니다. 그리고 그들이 지금 드러내고
있는 타락하고 혐오스러움의 극치에 도달하는 데에는 오랜 시간이
걸렸습니다. 선한 사람들은 대중에게 깊은 인상을 주고 영혼을 교
회로 인도하려는 그들의 경건한 열정으로 사람들의 감각을 자극하
고 감정을 움직이는 여러 가지 장치를 만들어냈습니다. 그리고 마
침내는 그 발명가들의 경건함과 습관의 힘으로 이러한 장치들이 그
리스도의 제도로서 대중들의 존경을 받게 되었고, 교회라는 기구에
서 영구적인 자리를 차지하게 되었습니다. 그리하여 결국에 그들은
하나둘씩 엄청난 미신들을 쌓아 올렸고, 이러한 미신들은 "죄악의

사람"이 순진한 사람들을 현혹하고 속이는 무서운 기계 장치를 이루게 되었습니다. 더욱이, 하나님을 예배하는 데 있어서 인간이 발명한 것들의 역사에 있어서 가장 악명 높은 사실들 가운데 하나는, 시간이 지나면서 그리스도의 의식들(the ordinances of Christ)보다는 그러한 발명품들에 더욱 많은 강조점을 두는 것이 일반화되었다는 사실인데, 그것은 굴욕적이면서도 충격적입니다. 로마 가톨릭 교회에서는 하나님에 의해 명령되지 않은 축제와 금식일들을 주님의 날보다도 훨씬 더 엄격하게 지키는 것이 일반적입니다. 그리고 많은 사람들은 만일에 그 겉모습이 기만적인 것이 아니라면, 장시간의 집회(protracted meetings)가 없이는 아무런 좋은 것도 기대할 수 없다고 느끼기 시작했으며, 거룩한 안식일(the holy Sabbath)의 특권보다는 장시간의 집회가 훨씬 더 중요하다고 생각하게 되었습니다.

그렇다면 나는, 장시간의 집회를 활용하라고 말하고 싶습니다. 그것들은 하나님의 말씀의 본보기와 정신에 의하여 충분히 가능한 것처럼 보증되곤 합니다. 그러나 그것들을 우상으로 삼지는 마십시오. 그것들이 하나님의 영과는 별개로 종교의 부흥을 일으킬 수 있는 고유한 효능을 지니고 있다고 생각하지 마십시오. 그것들을 결코 빈번하게 활용하지 마십시오. 앞서 말한 대로가 아니라 아주 특별한 방법으로만 활용하도록 하십시오. 그것들은 겸손하고 간절한 기도로 준비하여 활용해야 하 것입니다. 다른 모든 수단과 마찬가지로, 이러한 수단들 역시도 모든 은혜의 영(the Spirit of all grace)에 대한 믿음을 언급하는 것과 적용이 있을 때에야 유용하다는 사실을 기억하십시오. 그리고 은혜의 일반적인 수단들에 대한 여러분의 존중함을 떨어뜨리는 방식으로 그것들을 바라보거나 사용하지 않도록 조심하시기를 바랍니다. 누가, 혹은 무엇이 이러한 짓을 하든지 간에 그것은 큰 악이며, 필연적으로 시온의 왕이신 분의 찌푸린 눈살이 뒤따르는 것을 바라보게 되고야 말 것입니다.

IV. 부흥 운동에서 가장 중요한 것은, 회심하는 은혜(CONVERTING GRACE)의 대상이 되기를 원하는 사람들이 교회에 갑자기 유입되는 것을 방지하여야 한다는 것입니다.

최근까지도 이에 대해서 반대되는 관행을 지지하는 사람은 지성적이고 냉철한 사고력을 지닌 기독교인들 사이에서는 거의 찾아볼 수 없었습니다. 만일에 교회와 그 구성원들 모두에게 중요한 것이라면, 교회의 교제에 참여하게 되는 이들이 진실하고 참으로 깨달은 신앙인이어야 하는데, 그렇다면 그들이 그러한 신앙인이 되기를 바라는 소망을 품은 후에, 스스로를 시험하고 알아가며 교회에 알려질 수 있는 약간의 시간이 주어지는 것이 분명 바람직한 것이다. 특별히 강력한 각성과 부흥의 시기에는 이러한 주의가 매우 중요합니다. 그때에는 깊은 확신은커녕 진정한 회심과는 거리가 먼 많은 사람들이 눈물 어린 감응을 느끼고 더욱 많이 참여하곤 하는데, 많은 사람들이 잠시동안 진지하고 가망성이 있게 보이지만, 이내 뒤로 물러나서 이전보다도 더욱 깊은 부주의와 무관심에 빠지고 맙니다. 그러한 사람들이 감정적으로 요동하는 첫 순간에 공개적으로 종교의 신봉자로 등록하도록 장려된다고 한다면, 모든 면에 있어서 분명히 불행한 일이 되고야 말 것입니다. 그들에게 허황된 희망을 심어주고, 그들의 진정한 회심을 가로막는 데에 이보다 더 직접적으로 적용될 수 있는 것은 아마도 없을 것입니다. 사실, 내가 알고 있는, 열성적인 선의를 지닌 몇몇 목사들이 따르는 시스템은 처음부터 끝까지 동물적인 흥분으로 가득 차 있고, 별다른 교육이라고는 찾아볼 수가 없으며, 진지한 감정이 들끓기 시작한 후에 며칠 내로, 때로는 몇 시간 만에 교회의 친교에 가입하게 만드는 시스템인데, 이는 의심할 여지가 없이 불멸의 영혼을 속이고 파괴하기에 적합한 시스템이며, 교회를 무지하고 시끄러운 위선자들로 채워버리고, 결국에는 교회의 순수함과 평화를 한꺼번에 파괴해버리도록 착안된 시스템입니다.

성경에 기록된 사례들, 즉 에티오피아 내시가 빌립에 의하여 즉시로 세례를 받은 일이나, 오순절 날에 삼천 명이 영접한 것처럼 회심의 희망을 품은 개종자들을 인증하는 의식(sealing ordinances)에 곧바로 참여시키는 것을 정당화하려는 사례들은 명백히 본론과는 무관한 것이다. 이러한 사례들을 검토해 보면, 그 사례들은 특수한 것이었고, 또한 우물쭈물할 여지가 없었음이 드러날 것이니, 그 당시에 교회의 특수한 상황이 이러한 사실들의 양상을 완전히 바꾸어 놓았다고 보는 것은 말할 나위도 없는 것입니다. 게다가 즉각적인 수용이 현명하고 완벽하게 안전하다고 여겨질 수 있는 사례가 있을 수 있고, 실제로 그러한 사례가 발생할 수도 있다는 것에는 의심할 여지가 없습니다. 그러나 문제는 일반적으로 어떤 방침이 가장 최선인가 하는 것입니다. 교회를 지성적이고 견고하며 진정으로 거룩한 성도들로 채우기 위하여 어떠한 과정이 적합할 것인가? 이에 관한 적절한 답변을 두고서 망설일 수가 있겠습니까?

나는 이 주제와 관련하여 뛰어난 목사님들이 놀라울 정도로 일치된 견해를 보이는 것으로 인하여 큰 감명을 받았으며, 또한 매우 기뻤는데, 이는 앞서 언급한 스프래그 박사의 훌륭한 책 "부흥에 관한 강의"의 부록에 실려 있습니다. 하트퍼드의 하우즈 박사(Joel Hawes, D.D.)는 이 주제에 대하여 다음과 같이 말합니다. "회심자들이 지닌 희망의 진실성을 시험해 볼 시간이 주어지기 전에 그들을 교회에 받아들이는 것은 큰 오류입니다. 이것은 나의 민족 가운데서 첫 번째로 일어난 부흥에서 내가 빠진 오류인데, 그로 인해서 나는 쓰라린 회개를 해야만 했습니다. 그럼에도 불구하고 교회 원원이 되기를 희망하는 마음을 품은 지 두 달이 지나도록 아무도 교회에 받아들여지지 않았습니다. 젊은 회심자들은 회심 직후에 별도의 반으로 모여서 목사의 직접적이고도 빈번한 가르침을 받아야 한다는 점이 매우 중요합니다. 그리고 만일에 그들이 4개월에서 6개월 동안의 신중한 지도를 계속해서 받은 이후 교회에 입교한다면, 이후에 그들이 다시 떨어져 나가거나 생애의 끝날까지 세상의 빛으로 계속해서 빛을 발하지 않을 위험은 거의 없을 것입니다."

그리핀 박사(Rev. Dr. Griffin)는 동일한 주제에 대하여 다음과 같이 표현했습니다. "이러한 부흥 운동에 사용된 수단은 오직 두 가지뿐이었는데, 그것은 신적인 진리의 명료한 제시와 기도입니다. 감정을 자극하는 것은 아무것도 없으며, 가능한 한 가장 흥미로운 방식으로 제시되고 양심에 깊이 적용되는 냉철하고 엄숙한 진리뿐이었습니다. 우리는 거짓된 희망을 가로막고 기만적인 마음의 변덕을 폭로하기 위하여 열심히 노력해 왔으며, 회심자들이 그리스도와의 약속으로부터 얻을 수 있는 것 외에는 어떠한 격려도 삼갔으니, 우리의 견해에 의지하는 것은 구주에게서가 아니라 우리에게서 위로를 얻는 것임을 알았기 때문입니다. 우리는 그들에게 대담하고도 직설적인 표현, 즉 그러한 사람이 회심한다는 것에 익숙하지 않았습니다. 그러나 기만의 위험성을 생생히 느끼도록 하기 위하여 고안된 용어(a dialect)를 사용해 왔습니다. 비슷한 이유로, 우리는 그들을 약 3개월 동안 공언(a profession)으로부터 배제하였습니다."

엘리자베스타운의 멤도웰 박사(Dr. M'Dowell)의 목회사역만큼 강력한 부흥 운동의 연속으로 인해 존경을 받은 목사는 아마도 없을 것입니다. 이 주제에 대한 그의 풍부한 경험을 바탕으로, 그는 앞서 언급한 스프레그 박사의 저서 부록에서 다음과 같이 언급했습니다. "우리는 교회의 특권에 대한 성급하게 참여하는 것을 신중하게 경계해 왔습니다. 부흥의 시기에조차도 진지하게 신앙을 시작한 지 6개월도 채 안 된 자를 성찬에 참여시킨 경우는 거의 없었습니다."

희망에 찬 회심자들이 너무 갑작스럽게 교회 공동체에 들어오는 것과 밀접하게 연관된 또 다른 오류가 있는데, 나는 그것을 그렇게 생각하지 않을 수가 없습니다. 내가 말하고자 하는 것은, 신앙을 고백하는 신자로 인정받기도 전에 이처럼 젊은 개종자들에게 공개적인 기도회를 인도하도록 요청하고, 심지어 어떤 경우에는 불안해하며 묻는 이들을 가르치고, 고통받고 의심하는 영혼들의 난제를 해결하도록 맡기는 것을 말합니다. 아주 어린 회심자들이 회심의 합당한 열매와 증거로서 행할 수 있는 일들에는 여러 가지가 있습니다. 그리고 그들의 영적 삶의 아주 초기부터, 그들이 들어가게 될 새로운 관계에 있어서 그들에게 어울리는 겸손함과 적절한 사역의 자리를 제공하는 것은 바람직한 일입니다. 그러나 "그리스도 안에서 어린 아이들"과 같은 그들을 공적인 기도의 인도자로 세우는 것은, 대부분의 경우에 있어서 그들을 교회를 세우는 데에 필요한 영적 지식과 경험이 거의 충분하지 않은 사역에 참여시키는 것과 같습니다. 또한, 그에 못지않게 고려해야 할 점은, 젊은 개종자들이 이러한 공식적인 방식으로 나서도록 요청을 받게 되면 교만해질 위험성이 있으며, 그렇게 되면 겉보기에는 매우 결정적인 회심을 한 것처럼 보이는 사람들이 거의 즉시로 공적으로 기도하라는 요청을 받게 되는 것이어서, 결국에는 젊은이들에게 가장 해로울 수 있는 인상을 심어주게 될 위험이 있는 것입니다. 이후로 그들은 자신들이 이렇게 공개적으로 알려지게 되면서 영적인 교만함을 느꼈다고 인정했으며, 그 후로는 가장 비참하고 굴욕적인 성격의 배교자가 되었습니다. 오, 잠시만이라도 기다려서 그들의 행실의 결과가 어떻게 될지를 지켜보고, 그렇게 함으로써 그들의 배교를 더욱 두드러지게 하고 그리스도의 대의에 더욱 해를 끼치는 일련의 상황들을 피하였더라면 얼마나 좋았겠습니까! 다시 한번 말씀드리지만, 젊은 회심자들이 죽음에서 생명으로 희망찬 전환을 맞이한 지 며칠이나 몇 시간 후에 공개적으로 말하고 기도하도록 격려하는 것은, 그들의 말하는 것을 듣는 사람들의 교화(the edification)를 매우 심각히 위태롭게 만들어버리는 것입니다. 뿐만 아니라 이는 회심자들 자신에게도 해를 끼치게 될 가능성이 아주 큽니다. 그리고 특히나 흥분과 부흥의 시기에는 이러한 일들이 더욱 흔하게 일어날 수 있다고 말씀드리고 싶습니다. 그렇다면 지혜, 신중함, 그리고 최고의 경험이 반드시 필요할 것입니다. 경솔함과 더불어서, 비록 선의에서 비롯

된 것이라고 하더라도 잘못된 열정은 단 하루 만에 여러 해 동안의 노력으로 고칠 수 있는 것보다도 더욱 큰 해를 끼칠 수가 있습니다.

V. 더 나아가, 신앙 부흥의 진정한 지지자들은 특정한 새로운 견해들(NEW OPINIONS)을 전파하는 것만이 부흥에 도움이 되는 것이라고 하는 뻔뻔스러운 주장에 대하여 경계해야 합니다. 그리고 옛 정통 교리 체계(THE SYSTEM OF OLD ORTHODOXY)를 고수하는 사람들은 이 측면에서 광범위하게, 아니, 전혀 유용하지 않을 것이라는 주장에 대해서도 경계해야 합니다.

이러한 주장은 자주, 그리고 확실하게 제기되어 왔습니다. 그렇습니다. 그리고 수많은 반박할 수 없는 사실들에도 불구하고, 그 반대의 주장이 너무나 자주 반복되어 왔기 때문에 많은 사람이 그것을 믿어버릴 만큼 나약하거나 무지합니다. 그래서 많은 사람들은 새로운 견해들을 전파하지 않으면 부흥을 기대할 수 없다는 견해를 갖게 되었습니다. 하지만 부흥 운동의 역사에 대하여 어느 정도 알고 있는 사람이라면, 누구나 그처럼 명백하고 거짓된 속임수에 속지 않을 것입니다. 휫필드의 설교는 우리 가운데 가장 엄격한 옛 칼뱅주의자들의 설교와 마찬가지로 새로운 견해의 색채가 전혀 없었습니다. 그러나 그의 사역을 빛낸 부흥은, 그 시대 이후로 다른 어떤 사람의 사역보다 광범위하고 강력했다는 것을 온 세상이 알고 있습니다. 테넌츠(Gilbert Tennent, 1703-1764)의 목회 사역, 데이비스(Davies) 총장, 핀리(Finley)박사, 그리고 비슷한 정신과 유용성을 지닌 다른 많은 사람들의 사역에 대해서도 같은 말을 할 수가 있습니다. 그들이 새롭거나, 혹은 오히려 부활한 신학적 추측들을 주장하거나 설교한 데 대해 무죄하다는 사실은, 많은 이들이 칭송하며 그 영향력이 유독 강력하다고 여기는 바로 그러한 추측들인데, 그들의 인쇄된 담론을 읽은 사람이라면 누구나 알고 있는 바입니다. 그러나 내가 지금 반대하는 그 오만한 주장을 하는 이들 가운데, 과연 몇이나 동일한 목회적 성공을 누렸습니까! 그리고 이러한 사실은 우리 앞에 있는 주장에 대하여 그렇게 결정적인 것은 아니며, 결코 옛날에만 국한된 것도 아니었습니다. 지난 삼십 년 동안 살아 있는 자와 죽은 자 가운데서도 휫필드, 테넌트, 데이비스와 동일한 교리를 전파하며 그들과 놀랍도록 유사한 성공을 누린 이들은 수없이 많을 것입니다. 아니, 나의 생각으로는, 지금까지 우리 나라의 어느 지역에서든지 간에 설교 방식에 있어서 휫필드, 테넌트, 조나단 에드워즈, 데이비스, 벨라미의 일반적인 정신에 더욱 가깝게 부합할수록, 이 은혜의 시대에 뒤따른 부흥이 더욱 깊고 건실하며 성경적이며 일관성 있을 뿐만 아니라, 더욱 많이 일어났음을 증명하는 것보다도 더 쉬운 일은 없을 것입니다. 지난 4~5년 동안에 장로교 교단 내에 최소한 1,200개 교회에서 종교의 부흥이 은혜롭게 일어났던 것으로 추정됩니다. 이 가운데 상당수, 아니 압도적인 다수가 새로운 사상을 거부한 목회자들의 사역 아래서 발생했음을 충분히 입증이 가능합니다. 장로교회의 모든 지역, 즉 북부, 남부, 동부, 서부에서 이 정도 분량의 증언들이 너무나 확실하고 풍부해서, 그 사실에 대하여 놀라울 정도로 무지하거나, 사실에 대해 놀라울 정도로 무지하거나 편견에 의하여 이상하게 눈이 멀지 않은 사람이라면 누구도 피할 수 없는 결론을 거부할 수 없을 것 같습니다.

실제로, 구파(Old-school)를 옹호하는 사람들 가운데에는 성경적 삶과 열정이 거의 없으며, 사역에 대한 확신이 거의 없는 사람들도 있다는 것은 부인할 수 없는 사실입니다. 그리고 신파(New-school)의 견해와 조치들을 맹렬하게 옹호하는 일부 개인들에게 있어서도, 이 경우가 명백하게 해당되지 않습니까? 그렇다면 이러한 사실은 무엇을 증명할까요? 한 사람이 비록 정통으로 평가받는다 할지라도 실제로는 반율법주의적인 망상에 의지하고 있거나, 혹은 진정한 정통파라 하더라도 진정한 경건함에서 벗어난 사람일 수도 있으며, 또는 진정한 경건함이라고 하더라도 사람을 유용한 사람으로 만드는 데 필요한 자질이 부족한 사람일 수 있다는 우려가 생길 수 있습니다. 나는 신파의 목회자들이 구파의 신학을 폄하했던 가장 무책임한 사람만큼 눈에 띄게 좋은 열매를 맺지 못하는 경우를 몇 명 꼽아볼 수 있습니다. 그러나 나는 구파의 교리를 가장 열렬하게 옹호하는 사람들 가운데서도 이러한 사실 하나만을 근거로 그들의 신조가 잘못되었다고 주장하는 사람에 관하여서는 들어본 적이 없습니다.

VI. 끝으로, 저는 부흥 운동의 진정한 지지자들이 이 위대한 관심사에 대하여 특권적이고, 거의 독점적인 기술과 능력을 가지고 있다고 오만하게 주장하는 것에 대하여 경계해야 한다고 말하고 싶습니다.

지나가는 상황들을 주의 깊게 관찰하는 사람이라면, 이러한 종류의 주장이 결코 드물지 않다는 사실을 잘 알고 있을 것입니다. 우리는 목사와 평신도 양쪽 모두가 서로에 대하여 특별한 자만과 강조를 담아서 부흥사(revival-men)라는 칭호를 붙인 사례들에 관하여 들었습니다. 그들은 부흥을 기획하고 진행하는 기술에 있어서 특별한 재능을 지녔다고 공개적으로 주장했습니다. 그들은 이처럼 위엄 있고 위풍당당한 모습으로 교회들에 소개되었으며, 종교적인 열광을 불러일으키기 위한 명목으로 이곳저곳에서 초청을 받아야 할 인물로서 대중 앞에 그 모습을 드러내곤 했습니다. 이러한 사람들은 심지어 목사의 요청이나 동의가 없이도 교회에 들어가는 것으로 알려져 있습니다. 그들의 목적을 달성하기 위한 일련의 조치들을 방문하는 교회의 목사와 상의도 없이 시작하고 추진하도록 했습니다. 또한 방문하는 교회의 목사에게 기도를 부탁하지도 않으며, 그와는 전혀 무관하게 진행하도록 했습니다. 간단히 말하자면, 선택된 소수를 제외한 모든 이들의 협조를 전적으로 거부했던 것입니다. 연륜과 경건함으로 인하여 존경을 받는 목사들이 참석했을 때에도, 그들이 부흥을 일으키는 사람이 아니거나 시대에 맞지 않는다는 이유로 그들과 함께 참여하는 것을 허용하지 않았습니다.

그렇다면 많은 경우들에 있어서, 이러한 자칭 부흥 운동가들의 성격은 어떠했을까요? 그들이 일반적으로 겸손함, 그들의 온유함, 그들의 낮아짐, 그들의 진지함과 독특한 성직의 직무로 인하여 두드러졌습니까? 그들이 인간 본성에 대하여 깊이 알고 있었으며, 진정한 기독교적 경험에 대하여도 깊이 있는 지식을 가지고 있는 것처럼 보였습니까? 결코 그렇지 않습니다. 적어도 이러한 것들에 있어서 항상 그런 것은 아니었다고 단언할 수가 있습니다. 오히려 많은 경우에 있어서 무모함, 오만함, 교만함, 자만심과 비판적 태도가 무심한 경박함과 뒤섞여서, 그들의 가장 두드러진 특징을 이뤘습니다. 그들은 너무나도 빈번하게, 어떤 뛰어난 장치(artful machinery)에 대하여 자만하는 것처럼 보였는데, 그들은 마치 그 장치의 사용에 있어서 자신들이 특별하게 능숙하다고 여겼으며, 그 장치에 의지하고 성공을 거두기 위하여 그 장치에 훨씬 더 의존했으니, 마치 주권자이신 하나님의 영보다도 더욱 의존하는 것처럼 보였습니다. 아니, 우리는 종종 이러한 부흥 설교자들의 최전선에, 겨우 성년이 된 젊은이들, 지식이 매우 부족하고 경험은 더욱 부족한 자들이 마치 자신들이 바로 그 장치의 사용에 있어서 특별하게 능숙한 사람들인 양, 지혜가 자신들과 함께 사라질 것이라 확신하며 비난하고 정죄하는 모습을 보아왔습니다. 또한, 그들은 노련하고 탁월한 헌신을 보인 목사들을 경멸하며 대했습니다. 그 목사들도 강력한 부흥을 통하여 그리스도의 왕국으로 인도되었으며, 수년간 하늘 은혜의 현현 속에서 보통 이상의 경험을 누려왔음에도 불구하고서 말입니다. 그들은 마치 자신들의 깊은 통찰력과 탁월한 기술에 비하면 그들(노련한 목사들)은 아무것도 모른다는 듯이, 그런 이들을 경멸하며 대했던 것입니다! 진실은, 내가 말하는 철저하고 매우 교정된 정신이 젊은이든 노인이든 어떤 개인을 완전히 사로잡았을 때, 그것이 그를 어디까지 끌고 갈지 계산할 수가 없다는 것입니다. 또는 그것이 그를 기독교적 예의범절의 요구에 대하여 눈멀게 할 수도 있고, 심지어 때로는 아쉽게도, 기독교적인 솔직함과 정직함을 지닌 사람들에 대해서조차도 눈멀게 할 수 있는 것입니다!

물론, 종교의 부흥을 촉진하는 데 있어서 특별하게 적합한 사람들이 있을 수가 있다는 사실은 인정해야 할 것입니다. 의심할 여지가 없이 어떤 목사들은 다른 목사들보다도 더욱 영적인 기술, 명확성, 힘과 설득력으로 복음을 전파하곤 합니다. 그들의 모든 설교와 기도에는 그들의 형제들 대부분보다도 더욱 많은 교훈과 요점, 감정과 엄숙함이 담겨있곤 합니다. 그들은 종종 인간의 마음에 대한 더욱 깊은 통찰력을 가지고 있으며, 그것으로 이끄는 길을 더욱 잘 알고 있기도 한데, 심지어 경건한 사람들 사이에서도 흔히 볼 수 없는 다양한 기독교적 경험에 대하여 더욱 잘 알고 있기도 합니다. 그들은 자신들의 노고에 하나님의 축복이 있기를 간절히 기도하기도 하는데, 설교단에서 하는 그러한 대화와 모범은 그들이 다가가는 모든 이들에게 종교에 대한 긍정적인 인상을 심어주는 데에 매우 적합한 것이기도 합니다. 그러므로 나는 이들을 가리켜서 '진정한 부흥의 사람들(TRUE REVIVAL-MEN)'이라고 부릅니다. 만일에 이 세상에 종교의 진정한 부흥을 촉진하는 데에 아주 특별하게 적합한 사람이 있다고 한다면, 이들이 바로 그러한 사람들일 것입니다. 그러나 이는 단지 사도 바울이나, 혹은 오히려 바울의 스승과 가장 유사한 사람들이 진정한 종교를 증진하는 데에 가장 큰 역할을 할 가능성이 높다는 것을 말하는 것일 뿐입니다. 그들의 마음에서 가장 혐오스러운 것은 바로 그러한 권능을 그들의 장치에 부여하려는 생각일 것입니다. 성경의 모든 페이지와 교회의 모든 경험은 그러한 권능을 주권적으로 행사하시는 분께 돌리고 있으니, 그분께서 선언하신바, "힘으로나 능력으로가 아니라 오직 나의 영으로라"(슥 4:6) 하신 주님의 말씀과 같습니다.

내가 아는 한 부흥사는, 아마도 현존하는 그 누구보다도 더욱 많으며 강력한 종교적 부흥 운동과 연관된 사역을 해왔을 것입니다. 그는 그러한 신성한 영광의 현현에서 발휘하는 능력이란 소란이나 분주한 속임수, 또는 어떤 교묘한 수단에도 있지 않으며, 오로지 복음 진리의 단순하고도 날카로운 제시, 즉 사람들에게 그들이 잃어버린 죄인으로서의 진정한 상태를 드러내는 데에 있다고 말했습니다. 그리스도를 전능하시고 기꺼이 구원하시는 구주로 높이 들어 올리며, 모든 것을 주권자이신 하나님의 능력과 은혜로 돌리는 데에 있다는 것입니다. 부흥의 사람(a revival man)이라고 불리기를 좋아하기보다는 본능적으로 그러한 칭호를 꺼리는 사람, 부름받지 않은 채 회중에 뛰어들어 부흥을 일으키려는 의도를 품는 대신, 혹시 그런 면을 띠거나 다른 사람이 자신에게 부흥을 일으키는 능력이 있다고 주장할 만한 모든 것을 항상 피하려고 노력하는 사람, 그가 회중 안에 들어설 때마다, 흥분 상태이든 아니든, 목사를 존중하며 모든 경우에 있어서 그를 앞세우고, 양 떼의 영적인 복지를 증진시키기 위하여 끊임없는 노력을 기울이면서도 마치 그 양 떼의 합당한 목자 뒤에 자신을 숨기려는 듯이 행했던 사람, 눈에 띄는 것은 그의 신실한 열정만큼이나 항상 겸손하고 물러나는 태도였으며, 그의 성공은 새로운 교리를 설교하고 새로운 방법을 사용하는 목회자의 사역 아래에서만 부흥이 일어날 수 있다고 주장하는 이들의 주장을 지속적으로 반박해 왔던 사람이었습니다. 이처럼 존경과 사랑을 받을 만한 형제가 오래도록 미국인들의 교회에 빛나는 장식과 축복이 되기를 원합니다! 물론 그는 나의 특정한 교파와는 관련이 없는 사람이지만, 마치 그가 나의 교파와 관련이 있는 것처럼 그의 노고와 성공을 진심으로 기뻐하며, 그의 정신이 이 땅을 가득 채우기를 기도합니다!

나의 존경하는 동역자 여러분, 이 중대한 주제에 관해서는 이쯤에서 마무리하고자 합니다. 만일에 우리가 사랑하는 교회가 번영하기를 진정으로 바란다면, 종교 부흥을 갈망하고 기도하는 것을 결코 멈추지 말아야 할 것입니다. 외적인 번영이 아무리 크다고 해도 신적인 임재(the divine presence)의 이 소중한 표징들이 부족한 것을 보상할 수는 없습니다. 그들이 수반했던 어떠한 남용이나 무질서함이, 부흥 자체에 대한 당신의 편견이 되지 않도록 하십시오. 부흥 자체를 갈망하고, 지칠 줄 모르는 간절함으로 부흥을 위하여 기도하십시오. 그러나 만일에 우리가 진정한 능력으로 부흥의 은혜를 받고자 한다면, 결코 하나님의 성령을 존중하는 것을 멈추지 말고서, 그 생명을 주시는 영향력을 간절하게 구해야만 합니다. 그리고 만일에 우리가 성령을 얻었을 때에, 그분을 슬퍼하며 떠나시게 하지 않으려면, 그분의 사역을 보존하는 데 있어서의 모든 인간적 발명품들(human inventions)을 버려야만 합니다. 이는 교만과 자만심을 키우는 모든 것들, 모든 육신적인 장치들, 모든 과시, 모든 허식, 간단히 말해서 순전히 동물적인 흥분을 조장하고 동물적인 감정을 영적인 과정들과 상충되도록 하거나, 동물적인 감정이 영적 과정들을 지배하게 하는 모든 것들을 말합니다. 어떠한 설득이나 그럴듯한 예시도 여러분이 이러한 성경에 어긋난 조치들을 용인하도록 해서는 안 됩니다. 그것들은 일시적으로 많은 것들을 약속할지는 모르겠으나, 결국에는 진정한 경건의 대의를 타락시키고 위축시키는데 실패한 적이 없기 때문입니다.

이처럼 신적인 숭배의 주제조차도 당파적인 모독(Party violence)의 타락에서 벗어나지 못한 것은 참으로 유감스러운 일입니다. 우리의 교회의 상당수가 종교의 부흥에 적대적이라는 점을 종교적인 대중에게 설득하려는 시도가 있었습니다. 나는 이러한 표현이 거짓된 것이 아니라 편견의 결과였기를 바라는 마음을 간직하고 있습니다. 나는 우리의 교단 전체에 걸쳐서 종교의 부흥을 위하여 끊임없이 열렬하게 기도하고, 진심으로 바라며, 진심으로 환영하지 않는 총회나 장로교회가 하나도 없다는 것을 알고 있습니다. 실제로 나는 몇몇 개별적인 목사들과 교회들이 종교적인 열광 가운데서 실제로 발생했거나 그들에게 보고된 혼란들로 인하여 이 주제 전체에 대한 편견을 갖게 되었다는 사실을 알고 있습니다. 마치 70~80년 전, 데이븐포트 씨(John Davenport, 1597-1670)와 그의 추종자들의 시대에 동일한 불행한 원인이 뉴잉글랜드 전역의 진정으로 경건하고 훌륭한 많은 사람들의 마음에 유사한 영향을 미쳤던 것과 같은 것들을 말입니다. 그러나 그러한 마음속의 편견조차도 일시적인 것에 불과하기를 바랍니다. 이 주제에 대한 감정의 표현이 전국 각지에서 노년층, 경건한 이들, 현자, 경험자들로부터 쏟아져 나오고 있으며, 매우 기쁘고도 놀랍도록 일치하고 있습니다. 그리고 전반적 부흥(a GENERAL REVIVAL)을 위하여 연합된 마음과 연합된 기도의 서약을 드리며, 이는 인간의 웅변으로 주장될 수 있는 모든 이론과 이론적인 설득보다도 미국의 기독교인들의 애정을 더욱 굳건하게 묶어줄 것이라고 믿습니다. 순수하고 성경적인 부흥의 영이 위로부터 참된 모습으로, 그리고 풍성하게 우리 미국의 교회들에 부어질 때에, 비판적 태도는 사라지고 말 것이고, 당파적인 모독도 중단될 것입니다. 또한, 기만적인 신학의 형이상학적 정교함과 미묘함은 더 이상 들리지 않게 될 것입니다. 아울러서 복음의 전파는 성경에서 취하여져야 할 것이며, 이미 폐기된 이단들의 잡다한 주장들에서 취해지지 않을 것입니다. 그리고 기독교인들의 마음은 말다툼과 논쟁에 사로잡혀서 시기, 비방, 악의적 추측, 그리고 타락한 논쟁을 낳는 대신에, 사랑으로 하나가 되어 세상의 회개를 위한 계획과 노력에 의하여 연합할 것입니다. 이러한 부흥이 신속하게 우리의 모든 교회에 복을 내리고, 온 기독교 세계에 퍼지기를 간절히 바라는 바입니다!

Princeton, March, 1833.